Le Tour du monde absolu

Avec la collaboration de Jocelyn Blériot,

journaliste au magazine *Course au Large*

Dans la même collection

Antoine, *Voyage aux Amériques*
Manu Bertin, *De la mer jusqu'au ciel*
Jean Buathier, *Aux confins de la Chine*
Gérard Chaliand, Patrice Franceschi, Jean-Claude Guilbert, *De l'esprit d'aventure*
Gérard Civet et Jérôme Delcourt, *L'Île aux éléphants*
Catherine Destivelle, *Ascensions*
Paul Molga, *Tragédies au K2*
Philippe Lemonnier, *Le Chemin oublié de Compostelle*
Véronique Lerebours, *Bernard Moitessier au fil des rencontres*
Umberto Pelizzari, *L'Homme et la mer*
Amandine Roche, *Nomade sur la voie d'Ella Maillart*

LA TRAVERSÉE DES MONDES

Le Tour du monde absolu

Francis Joyon

ARTHAUD

La Traversée des mondes :
une collection ouverte sur l'aventure...

26, rue Racine
75278 Paris Cedex 06

ISBN : 2-7003-9631-6

À mon père.

« Tout ce que les hommes ont fait de beau et de bien,
ils l'ont construit avec leurs rêves. »

Bernard Moitessier, *La Longue route.*

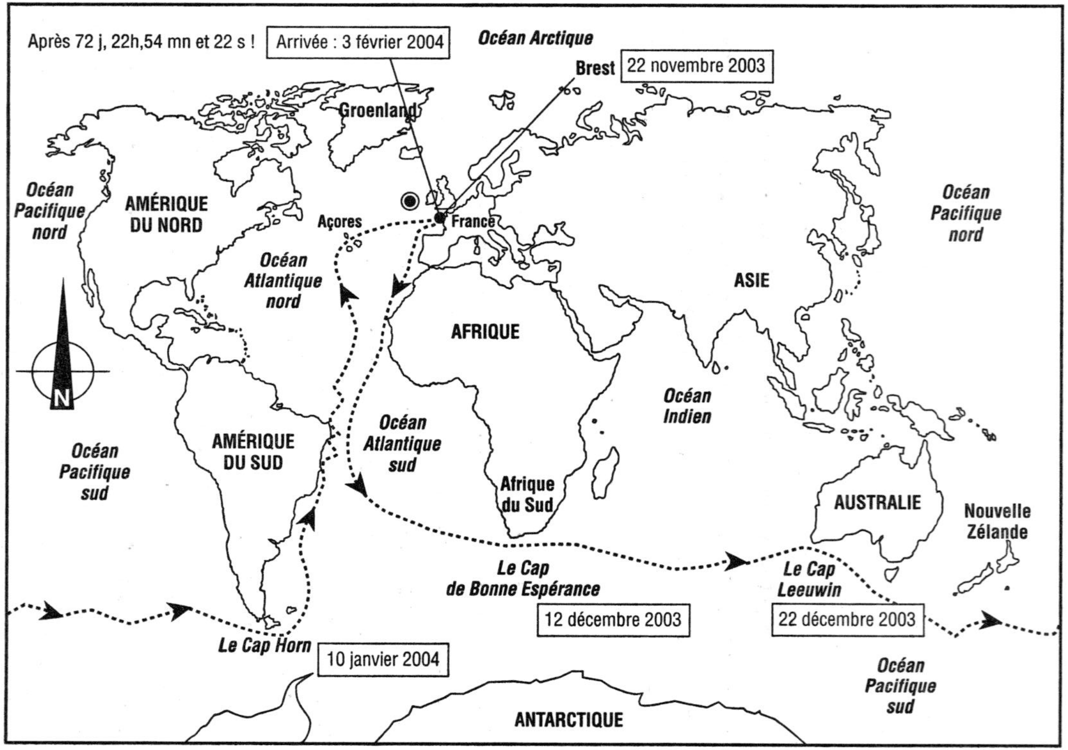
Après 72 j, 22h,54 mn et 22 s !
Arrivée : 3 février 2004
Océan Arctique
Brest
22 novembre 2003
Groenland
Océan Pacifique nord
AMÉRIQUE DU NORD
Açores
France
Océan Atlantique nord
ASIE
Océan Pacifique nord
AFRIQUE
Océan Indien
AMÉRIQUE DU SUD
Océan Atlantique sud
Océan Pacifique sud
Afrique du Sud
AUSTRALIE
Nouvelle Zélande
Le Cap de Bonne Espérance
Le Cap Leeuwin
12 décembre 2003
22 décembre 2003
Le Cap Horn
10 janvier 2004
Océan Pacifique sud
ANTARCTIQUE
N

PRÉFACE

Ses petits coups de fil, toujours très ponctuels, étaient devenus un rendez-vous que l'on n'aurait raté pour rien au monde. Joyon parlait aux terriens, trois fois par semaine. Car oui, Joyon parlait – ce qui n'aura pas manqué d'en étonner plus d'un – de plus en plus affable, à mesure que son trimaran engrangeait les milles, sur la route du plus beau voyage que navigateur puisse faire ici-bas. Trois fois par semaine résonnait la voix du solitaire, mais aussi celle de la mer, tour à tour colérique, frappant sans pitié les flancs du bateau, ou discrète... un simple clapotis trahissant à coup sûr un vent aux abonnés absents. Puis il a fini par rentrer, et les coups de fil ont cessé. Le large était devenu muet, l'albatros avait regagné la terre ferme, ayant bien fait son boulot, et il s'était tu à nouveau. Mais il avait néanmoins décidé d'écrire...

Et s'il a entrepris ce long travail, peut-être était-ce pour que l'on ne réduise pas son grand voyage à une litanie de superlatifs, à un simple empilement de chiffres vertigineux. Car l'homme a beau faire de grandes choses, il n'en conçoit pas moins une certaine méfiance vis-à-vis des grands mots. Alors quitte à ce qu'ils déferlent, autant que ce soient les siens... Du coup, ce que d'aucuns auraient baptisé « catastrophe » devient sous sa plume « contrariété », le sensationnalisme n'a qu'à chercher une autre victime – il y en a tant de consentantes... Francis a souhaité mener lui-même la relation de sa grande aventure, comme il avait lui-même préparé son bateau et tracé sa route. Puis il m'a témoigné une grande confiance, me soumettant son manuscrit afin que j'y apporte les derniers ajustements...

On avait beau savoir l'homme déterminé, solide et téméraire, un certain relent d'incrédulité flottait dans l'air alors qu'à l'automne 2003 il travaillait sans relâche, en compagnie de son frère Christian, sur ce trimaran démesuré, pensé pour un équipage complet. Allait-il réellement partir, et jusqu'où pourrait-il aller avant de s'avouer vaincu ? Était-il bien sérieux d'affirmer : « Je serai prêt la semaine prochaine », alors que sur le ponton, môle Loïc Caradec à La Trinité, trônait un enrouleur flambant neuf qui aurait dû en toute logique avoir été monté, puis testé... La question était inutile, car enrouleur ou pas, Francis allait partir, à la dure s'il le fallait.

Comme ses prédécesseurs, le désir de rendre hommage aux glorieux anciens, d'emprunter à nouveau les routes commerciales tombées en désuétude, animait le marin. Mais il fallait, pour que l'aventure fût belle, jouer selon des règles strictes, et se passer de routage – « solitaire » n'étant pas un vain mot. Pas question non plus, une fois en route, de se soustraire à l'appel de la manœuvre, de s'économiser, et si le navire réclamait un effort, il devait être satisfait sans délai. Comme l'aurait dit Alain Colas, Francis a su faire « force de toile », autant pour le chronomètre que par respect pour sa monture.

Au milieu du concert de louanges qui a suivi – tel une nuée d'oiseaux du large – la circumnavigation épique de Francis, une affirmation revenait sans cesse : un tour du monde comme celui-là, personne d'autre que lui ne pouvait le faire. Coureurs, constructeurs, architectes, météorologues... Une unanimité impressionnante ! « Quand il s'agit d'aller prendre un troisième ris par 50 nœuds de vent, pouvait-on entendre, il y a Francis, et les autres, c'est aussi simple que ça. » Et certes, tant de puissance et de résistance mentale n'auraient pu manquer d'impressionner. Mais le récit qui suit révèle également une farouche volonté d'harmonie, l'homme ayant voulu, malgré le sillage « de chalutier » de son trimaran, effectuer le passage le plus discret possible, sans tache...

À l'instar du skipper de *Manureva,* parti en pionnier trente ans auparavant, Francis a su écouter la mer, s'est senti soumis à son jugement, elle seule ayant le pouvoir de décider si oui ou non, elle allait lui laisser le passage... Alors que le Horn semblait se dérober devant les étraves de son trimaran, Alain Colas écrivait : « *Peut-être justement avais-je oublié de me mettre en condition de mériter ma rencontre, peut-être ma grogne de ces derniers jours a-t-elle indisposé la sombre sentinelle rocheuse au bout du continent américain, qui ne veut livrer passage qu'à ceux qui en sont dignes ?* » Pouvoir fascinant que celui de ces grandes étendues sauvages, capables d'intimer l'ordre à l'homme qui les traverse de prendre sur lui, de devenir meilleur. À moins qu'il ne s'agisse, plus vraisemblablement, d'une capacité de remise en question personnelle, du désir de revenir grandi de cette aventure... dont on aurait tout simplement pu ne pas revenir du tout.

Francis est arrivé à bon port, un matin frileux de février 2004, plus vite qu'aucun circumnavigateur solitaire ne l'avait jamais fait. Son histoire s'écrit avec des mots humbles, mesurés... et poursuit, de manière éclatante, une saga initiée voici trois décennies.

Jocelyn Blériot

TRENTE ANS
ET QUATRE SOLITAIRES
POUR UN PARI INSENSÉ

Alain Colas, *Manureva*, 1973 – 1974

« *Je reverrai longtemps la fille qui a cousu ma voile de cape, la voile de la dernière chance qu'on n'utilise qu'à l'heure où aucune autre ne saurait plus tenir, alors qu'il faut tout de même continuer à se battre avec la tempête. Je revois, voilerie Tonnerre à Lorient, cette fille grave penchée sur mon destin. Fille, petite-fille, arrière-petite-fille de pêcheurs, c'était son héritage qu'elle cousait dans la voile. Qu'elle le fasse bien, ou un peu mieux, ou qu'elle fasse passer, ainsi qu'elle le faisait, tout son être point par point dans l'habileté de ses doigts, ne changerait rien à sa paie de fin de mois. C'était son respect de la mer qu'elle piquait sur la toile, ou peut-être le désir, chaque jour inquiet, de ses mères et aïeules de voir rentrer le marin.* »[1]

Colas, tout homme pressé qu'il soit, n'est pas dépourvu d'une certaine sensibilité poétique... Et à l'heure où son trimaran *Manureva*, l'ex-*Pen Duick IV*, est en pleine cure de « cap-hornisation », il sait s'arrêter, prendre la mesure de son prochain défi. Mener, seul, un trimaran autour du monde par les trois grands caps relève naturellement de l'exploit sportif, mais le naviga-

1. Tous les extraits du texte : *Cap Horn pour un homme seul*, éditions Flammarion, 1977.

teur tient à ce que le voyage revête également une dimension symbolique – il s'agit de marcher sur les traces des clippers, et plus largement de rendre un hommage à la Marine à Voile (et à majuscules...). Nous sommes en 1973, et Colas, victorieux de la Transat Anglaise l'année précédente (Joyon sera, trente ans plus tard, détenteur du même « titre » lorsqu'il s'élancera sur ses traces !), n'a pas pris le temps de profiter de ce nouveau morceau de gloire. Se rendre avec *Manureva* jusqu'au cap Horn ? « *Le nouveau défi s'était clairement profilé dans le couchant qui nimbait les collines de Newport devant l'étrave* », écrira-t-il. Dont acte.

Retour en France, démarches financières, mise en chantier du sprinter océanique qui se mue peu à peu en coureur de fond capable d'affronter les pires mers que porte la planète... et un grand saut qui se profile, à l'été finissant.

Alain Colas se serait bien vu au départ de la Whitbread, mais l'épreuve n'admet pas les multicoques, alors... Finalement, la position du franc-tireur n'est pas plus désagréable et permet au moins de sortir du lot. Du côté des objectifs, le skipper vise le record établi autour du monde par Francis Chichester à bord de *Gipsy Moth IV* en 1967, avec deux cent vingt-six jours et une escale à Sydney, mais il sait pouvoir frapper encore plus fort, en devenant tout simplement le premier à boucler une circumnavigation en multicoque et en solitaire ! Nigel Tetley aurait pu lui voler la vedette lors du Golden Globe, en 1968, mais son trimaran s'était littéralement disloqué une fois le cap Horn passé. La place reste donc à prendre, et l'ancien disciple de Tabarly entend bien jouer les pionniers...

Colas s'élance de Saint-Malo le 8 septembre 1973, avec dans l'idée de rejoindre la flotte de la Whitbread dans les parages d'Ouessant – autant pour « comparer » les performances de son navire à celles des grands monocoques, que pour tâcher de les prendre de vitesse, seul à bord alors qu'ils courent en équipage ! Six jours après son départ, la confrontation attendue a lieu, puisque *Manureva* rattrape puis finit par doubler le voilier italien *Guia*, avec « deux nœuds de mieux », faisant ainsi la fierté de son skipper. Mais la première semaine de mer n'est pas pour autant propice aux excès de vitesse ou autres records sur vingt-quatre heures, car Alain, épuisé par de longues semaines de préparatifs à terre, engrange du sommeil et prend doucement ses marques à bord. Il a prévu une escale unique à Sydney, comme Chichester, et pour l'heure descend paisiblement l'Atlantique, se laissant peu à peu gagner par le charme des cieux changeants et la langueur tropicale. Cependant, le compétiteur n'oublie pas de comparer régulièrement sa progression à celle des concurrents de la Whitbread ! L'équateur est en vue, mais *Manureva* reste aux prises avec les calmes typiques du Pot au Noir, tant et si bien que les manœuvres se succèdent toute une nuit, noircissant la colonne « observations » du livre de bord... Une fois à terre, Colas notera : « *Viré, empanné... Que de figures de style ! Ce n'est plus un livre de bord, c'est le "calma-soutra" !* » Malgré quelques petites claques bien vite oubliées, *Manureva* connaît une descente idéale, sans grosses frayeurs ni avaries majeures, et le navigateur imagine alors de proposer la feuille de route suivante à tous les solitaires se rendant en Australie : « *Descendre tout droit, tout droit, tout droit. Au premier albatros, il n'y a qu'à prendre à main gauche et se laisser porter par le vent. Ça marche tout seul.* »

Soixante-dix-neuf jours de mer pour rallier Sydney, contre cent six pour Chichester... Colas jubile lors de son escale australienne, et prend son temps, histoire de s'offrir la joie de rattraper la flotte de la Whitbread aux environs du Horn ! Cette seconde partie du périple est naturellement la plus symbolique, mais aussi la plus dangereuse et, avant de partir, le navigateur honore la promesse faite à sa compagne Teura, qui rappelle aujourd'hui : « Il pouvait très bien ne pas revenir, et je voulais qu'il me laisse un morceau de lui au cas où. » Le couple conçoit donc à Sydney son premier enfant... puis l'oiseau du voyage déploie à nouveau ses ailes, cingle sur la longue houle du Pacifique, et paie son tribut aux éléments aux abords du rocher tant convoité. Coulisseaux cassés, grand-voile récalcitrante, mousquetons de génois défaillants – Alain Colas grimpe au mât jusqu'à cinq fois dans la même journée et constate avec amertume que sa progression n'est guère brillante. Qu'importe, gagné par l'exaltation, il sait avoir rendez-vous avec son heure de vérité, et accepte son sort avec résignation. Et alors qu'il s'apprête à se soumettre à la furie des éléments, le Horn se laisse approcher sans mordre, à la faveur d'une merveilleuse embellie qui inspirera plus tard Colas l'écrivain. « *Il est là, fragile et fort, avec cette ambivalence qui sied aux objets qui veulent retenir le rêve des hommes, délicat dans la dentelle qui festonne les sommets, solide dans sa masse qui pénètre virilement dans les flots.* » Pour autant – une fois de plus chez Colas – l'intensité du sentiment ne semble avoir d'égal que sa fugacité, et voilà le navigateur déjà en proie à la nostalgie, celle qui pave parfois la route du retour, avec au bout du chemin « *les amateurs de sensationnel et les professionnels de la tragédie. J'imaginais déjà le gars projetant son micro au bout de sa perche, derrière le sourire engageant du profession-*

nel : "Alors Alain Colas, le cap Horn a déçu cette année ?" » Non, le Horn n'a pas déçu, et l'homme seul n'a pas démérité. Lorsque viendra l'heure des comptes, les cent soixante-neuf jours de mer de *Manureva* relégueront la performance de Chichester loin derrière – mais surtout, le marin visionnaire aura marqué l'histoire, ayant su avant quiconque sortir des griffes du Grand Sud en multicoque...

Philippe Monnet, *Kriter*, 1986 – 1987

« *Nous partons dans des surfs jusqu'à trente-cinq nœuds, c'est débile,* Kriter *est sous l'eau, des trombes jaillissent quand la crête des lames explose sur le bras arrière, et bonjour la douche à la barre, ça arrive des deux côtés. Le casque sur la tête, j'encaisse sans broncher.* »[1]

Autre temps, autre style... Philippe Monnet s'apprête à fêter ses vingt-huit ans, seul à bord de son grand trimaran, lancé à la poursuite du record d'Alain Colas, treize ans plus tard. Casque de sapeur-pompier, « portrait » du diable au-dessus de la table à cartes – histoire de faire un sort au mauvais œil –, le jeune aventurier joue avec le feu, taquine les limites mais fait preuve d'un talent d'acrobate hors du commun. Monnet largue les amarres le 10 décembre 1986, inaugurant la nouvelle ligne de départ du « record des trois caps », à la sortie du goulet de Brest, précisément entre le phare du Petit Minou et la bouée des Fillettes. Fatigué par de longs préparatifs, le voilà soulagé d'être enfin parti, d'autant que rien n'était gagné d'avance. Car, alors qu'il s'apprêtait à conclure un accord avec la société Kriter pour financer son expédi-

1. Tous les extraits de texte : *Un autre monde*, éditions les 7 Vents, 1988.

tion, une nouvelle avait failli tout faire basculer. « *Cela s'annonçait bien, quand un matin, dans* L'Équipe, *en grand, je lis qu'Olivier de Kersauson vient de trouver un sponsor pour le tour du monde non-stop en solitaire, avec un trimaran de vingt-trois mètres. Comme quoi les grandes idées se rencontrent. Coup dur ! Je téléphone à Kriter ; ils ont lu la nouvelle, ils veulent abandonner le projet, je suis effondré.* »

Mais l'abattement n'a qu'un temps, et très vite, l'esprit combatif de Monnet reprend le dessus. Non, pas question de renoncer. Kersauson se lance ? Eh bien qu'à cela ne tienne, nous allons nous livrer à un duel planétaire. Le partenaire récalcitrant se plie de bonne grâce à cet argument, et Philippe sauve *in extremis* son grand projet. Il n'a que vingt-sept ans, ne doute de pas grand-chose, et affiche déjà un certain nombre de coups d'éclat au compteur. Cavalier émérite, pilote de moto-cross et spécialiste du ski acrobatique, ce savoyard d'origine est venu à la voile au gré d'un déménagement familial, direction la Côte d'Azur. Rachetant puis restaurant un vieux 8m JI, travaillant bientôt comme préparateur d'abord sur *Kriter IX* puis sur *Paul Ricard*, il est repéré par Éric Tabarly, qui en fait son équipier. La suite se passe pied au plancher...

Ainsi se lance-t-il donc, à l'âge où d'autres finissent à peine leurs classes au large, à l'assaut des plus grands mythes de l'époque... Colas bien sûr, mais aussi l'Américain Dodge Morgan, qui détient alors le record du tour du monde en solitaire, réalisé en 1986. Cent cinquante jours, six heures et une minute : pour améliorer ce chrono, Monnet entend ne pas faire d'escale, et compte bien sur le potentiel de vitesse de son *Kriter Brut de Brut*, l'ex-*Jacques Ribourel* d'Olivier de Kersauson profondément remanié et accusant une longueur de vingt-cinq mètres. La bête est rapide certes, mais exigeante, physique à mener – les moyennes élevées ne s'obtiendront qu'au prix de nombreuses minutes d'angoisse, de sueurs froides et d'efforts qui « essorent » parfois littéralement un skipper pourtant teigneux. Bien décidé à se rendre coupable d'excès de vitesse lors de sa grande boucle, l'homme n'a pas lésiné sur les voiles de portant, et s'est même équipé d'une machine à coudre afin d'en assurer la maintenance... Quant à la manœuvre, elle n'en est que plus périlleuse : « *Étouffer quatre cents ou cinq cents mètres carrés de toile, jouer l'équilibriste dans les filets, sur les bras de liaison, les flotteurs, à la merci des paquets de mer, des coups de fouet des écoutes qui claquent, des voiles qui faseyent, prendre garde au plan de pont tortueux, aux pontets, winches, panneaux ouverts, sont autant de pièges pour se casser la gueule... La mort n'est souvent pas loin.* » D'autant plus qu'il ne faut pas compter sur le garçon pour adopter la posture du bon père de famille raisonnable, désireux de montrer l'exemple... « *Je n'ai jamais mis de ceinture en voiture, je n'accroche pas mes pantalons à des bretelles, et je ne porte pas de harnais en bateau.* »

Une escale technique à Cape Town, pour cause d'étai rompu, contrariera quelque peu le skipper, car certains esprits chagrins soulèveront alors un semblant de polémique, Dodge Morgan ne s'étant pour sa part pas arrêté – il n'était pas non plus revenu à son port de départ, donc exit les discussions oiseuses. Monnet ne descend pas à terre, ne décompte pas ses deux jours et demi d'arrêt au stand et repart vers l'Indien, plus déterminé que jamais... Cet océan a beau lui faire de mémorables croche-pieds, *Kriter* refuse obstinément d'enfourner, et Philippe entre le 12 février 1987 dans le Pacifique, océan « de tous les dangers », se souvient Xavier Joubert, l'architecte du bateau. Angoisse à terre, la balise du trimaran cesse d'émettre le 27 février, le contact ne sera rétabli que le 4 mars ! Pendant ce temps, ignorant que son émetteur est en panne, Monnet aura dû plonger dans une eau glacée pour dégager sa barre bloquée par un bout, casque de pompier sur la tête pour éviter de se faire assommer par la coque, ballottée par la houle... Et il n'est pas au bout de ses peines, car après le Horn l'attend un ouragan avec des vents à plus de quatre-vingts nœuds. « La description de l'état de la mer est dantesque, et il me prévient sur un ton très calme qu'il n'y aura peut-être pas de prochaine vacation, relate Xavier Joubert, tellement la mer devient dangereuse. J'ai admiré sa lucidité et son courage. » Monnet en réchappera et inscrira, malgré d'exaspérants calmes en Atlantique, un nouveau record sur le parcours... Lorsqu'il embouque le goulet de Brest, le 19 avril, il met un terme à une circumnavigation de cent vingt-neuf jours, dix-neuf heures et dix-sept minutes.

Olivier de Kersauson, *Un Autre Regard, 1988 – 1989*

« Je me souviens d'un 31 décembre à Nouméa où j'étais seul avec Alain Colas. On n'avait pas un rond et ça nous emmerdait de nous faire inviter par les gens à terre (...) Je me souviens de ce que Colas m'avait raconté ce soir-là, de sa conception de la vie. Il m'avait expliqué qu'il allait racheter le bateau de Tabarly, qu'il voulait faire le tour du monde avec, que ses parents l'aideraient, qu'il avait un peu d'argent... » [1]

Tabarly le grand inspirateur, Colas le pionnier... sans oublier Monnet, brûleur d'étapes en chef. Olivier de Kersauson a dû patienter, essuyer de méchants revers de fortune et aller contre le vent pour enfin pouvoir

1. Tous les extraits de texte : *Vieil Océan*, éditions Flammarion, 1990.

prendre sa place dans le cercle. Mais alors qu'il festoie seul à bord, le 31 décembre 1988, voilà trois jours qu'il a quitté Brest à son tour – enfin. Cela fait plus de quinze ans que Colas a réalisé son grand projet, ébauché lors de cette fameuse Saint-Sylvestre polynésienne, puis il s'en est allé. Kersauson, à quarante-six ans, exulte alors que le monde des terriens fête l'arrivée de la nouvelle année : chaque mètre le rapproche du cap Horn, de ce grand voyage qui s'est bien trop longtemps refusé à lui. Il devait, avait failli, était sur le point de... mais son partenaire, Poulain, qui avait permis la construction de son grand trimaran en 1985, repoussait sans cesse l'échéance. D'aléas divers en restructuration et changement de stratégie de communication, le chocolatier avait fini par se retirer, laissant le skipper en cale sèche. « *J'ai tout investi sur ce tour du monde, j'ai même été obligé de vendre ma maison de La Trinité pour ne pas exposer ma famille aux ennuis d'argent* », explique le navigateur, qui vit son départ comme une véritable libération – le bateau sera rebaptisé *Un Autre Regard* pour l'occasion. Tout comme Colas attendait son heure de vérité au cap Horn, Kersauson fait de sa grande boucle un paroxysme, un passage obligé.

« *Je pensais maintenant que* Poulain, *mon bateau, en tant que grand-père d'une nouvelle génération de multicoques, devait aller un jour ou l'autre se confronter avec ce qu'il y a de plus varié, de plus fort et aussi de plus riche sur l'éventail maritime.* » Les vingt-trois mètres du trimaran géant, dessiné par Marc Van Peteghem et Vincent Lauriot-Prévost, entament alors une carrière brillante et posent l'une des premières pierres d'un destin hors du commun. Brest disparaît peu à peu dans le sillage, les ennuis s'estompent pour le skipper qui n'a plus désormais d'autre préoccupation que la mer... Un premier coup de chien permet de constater que le nouveau mât en carbone tient le coup, que le bateau passe bien dans la mer formée, que les moyennes qu'il est capable d'atteindre sur vingt-quatre heures flirtent avec les quatre-cents milles. L'équateur est vite passé, mais le 14 janvier, alors que le solitaire file par le travers de Sainte-Hélène, il découvre de l'eau dans le flotteur tribord, ainsi qu'une défaillance du pilote automatique. Celle-ci s'avérera ingérable en route – « *Je suis obligé de m'arrêter à cause d'un vulgaire problème technique dérisoire mais dont je ne possède malheureusement pas la solution à bord* » –, et c'est écœuré que Kersauson se dirige vers Cape Town. Lui qui aurait voulu plus que tout s'affranchir des escales peste et enrage, mais il doit finir, rentrer à Brest après avoir salué les trois caps...

Quant à la fameuse heure de vérité, elle arrivera mi-février, en pleine descente vers le Sud. Trente heures de « *trouille viscérale, animale* », qui poussent le navigateur à enfiler sa combinaison de survie, et à attendre, résigné, que la mort vienne le ravir à l'affection de son bateau. « *Dehors, c'est terrible. La mer est vert sombre avec des éclats métalliques. Une couleur de fin du monde. Sa forme est indescriptible. Une sorte de chaos hurlant qui monte à l'assaut du bateau par tous les côtés à la fois, explose sur les flotteurs et projette des embruns jusqu'aux premières barres de flèche... qui sont à douze mètres ! (...) Hébété par les chocs, je me précipite à intervalles réguliers contre les vitres du poste de veille pour voir si la mer n'a pas déjà arraché un morceau de flotteur... Le bateau se fait massacrer sur place (...) Pendant trente heures, je subis cette mer sans autre perspective que le chavirage.* » L'implacable « logique » de la progression reprend ses droits quelques jours plus tard, et le skipper note, laconique : « *Je continue parce que je sais qu'il faut continuer.* » Et sortir au plus vite de cet océan Indien pour lequel il nourrit un fort ressentiment, océan coupable d'avoir englouti deux camarades. « *Longtemps, j'ai pensé que j'allais être le troisième sur la liste, après Dominique Guillet et Jacques de Roux* », soupire un Kersauson soulagé le 28 février 1989, en entrant dans le Pacifique.

Comme avant lui Alain Colas, le skipper d'*Un Autre Regard* sera accueilli par un cap Horn particulièrement avenant – grand soleil et mer plate au programme –, une grande première pour son troisième passage. Mais cette fois, il est seul, à bord d'un multicoque géant de surcroît, et l'aventure revêt alors une valeur particulière... Certes, un peu de vent aurait été appréciable, mais Kersauson ne boude pas son plaisir, conscient d'avoir déjà chèrement payé sa témérité dans l'Indien. La remontée de l'Atlantique s'annonce pénible, et l'électronique commence à menacer de se mettre en grève définitive ; il faudra donc s'arrêter à Mar del Plata. Décision bien plus facile à prendre que celle de la première escale, d'autant que la mort ne rôde plus, le Sud est un vilain souvenir et Brest tend (presque) les bras. Le goulet se fera désirer – petits airs désormais bien connus obligent – mais Kersauson gagnera son pari, améliorant de quatre jours le record de Monnet (avec cent vingt-cinq jours, dix-neuf heures et trente-deux minutes), inscrivant son trimaran durablement dans l'histoire. Et aucun autre voyage qu'une circumnavigation n'aurait pu aboutir à cette consécration... « *Il n'a jamais été envisagé par aucun directeur de course de partir autour du monde en multicoque. Les seuls pilotes à l'avoir réellement envisagé sont Colas, avec* Manureva, *Philippe Monnet avec* Kriter, *et moi avec* Poulain. »

Quant à la suite de l'histoire, elle se trouve consignée dans les pages qui suivent... *Poulain*, maintes fois remanié et rebaptisé, a repris du service dans le Sud en équipage, avant d'être remis à l'eau par un solitaire discret, tenace et profondément attachant. Un solitaire qui, lui aussi, voulait voir le monde en grand.

J.B.

1

EN PLEINE TOURMENTE

Fortune de mer
Novembre 2002, au large du golfe de Gascogne

Le trimaran *Eure & Loir-Lorénove* est en tête de la Route du Rhum après un départ mouvementé de Saint-Malo, il y a maintenant deux jours. Les dix-huit multicoques de la flotte se sont élancés dans des conditions difficiles, imposant d'emblée aux solitaires que nous sommes une attention de tous les instants. La nuit vient de tomber sur une mer chaotique, où circulent des grains*[1] violents... Un bon force* 8, et les conditions météorologiques ne sont pas encourageantes pour les heures à venir. Le vent se renforce encore, et je me décide à prendre le dernier ris* alors que le pont est balayé par les embruns et qu'il faut bien se tenir pour marcher, ou quelquefois ramper, sur cette surface qui se dérobe sous les pieds. À dix-sept nœuds*, au près* le bateau tape violemment à chaque vague et le vent apparent est si fort qu'il faut s'agripper ferme pour pouvoir se déplacer. Et pas question de lever le pied, car pour moi, la situation est simple : j'ai un bon soixante pieds rapide au près, mais je me trouverai pénalisé dès qu'il

1. Tous les termes suivis d'un astérisque sont expliqués dans le glossaire : annexes p. 221.

sera possible de naviguer au portant*, car les voiliers plus récents, construits pour cette épreuve, sont plus légers. Quitte à courir quelques risques, il me faut donc faire marcher le bateau de manière à prendre de l'avance dans cette première partie de la course – si je laisse à mes adversaires la moindre ouverture, la puissance supplémentaire de leurs machines aura tôt fait de les gratifier d'une marge de manœuvre confortable dès que les éléments se feront favorables...

La masse d'air très instable ne facilite pas les choses et un changement de direction intempestif du bateau, lié à une rafale de vent, fait lever brutalement le trimaran sur le côté. Les six tonnes sont projetées en l'air en quelques secondes, alors que les écoutes* que je viens de choquer sont inutilement molles, le centre de gravité ayant été dépassé. Le chavirage est sans appel, une fraction de seconde me suffit à comprendre que c'est ici que la course s'arrêtera pour moi. Un craquement sinistre a lieu au moment où le mât touche la surface de l'eau : il casse instantanément et le demi-tour s'achève tandis que je me jette à l'intérieur de la coque. Il faut avant tout retrouver le panneau qui ferme l'accès à cette cabine pour empêcher l'invasion de l'eau, mais la position sens dessus dessous m'a désorienté et je perds du temps à le chercher du mauvais bord tandis que l'eau s'engouffre inexorablement. Enfin, je parviens à l'atteindre et peux m'enfermer dans ce qui est devenu un boyau obscur où ordinateurs, nourriture et vêtements baignent dans l'eau glacée. Je cherche une lampe torche, et de longues minutes à patauger au hasard seront nécessaires avant que, à tâtons, je puisse en saisir une. L'intérieur du bateau est enfumé et les yeux me piquent ; les batteries sont immergées et il faut au plus vite les amarrer en hauteur afin de supprimer le court-circuit. Tout est prévu à bord pour faire face à cette situation, et j'ouvre le panneau de survie sous le vent pour chasser les vapeurs acides et vider avec un seau la plus grande partie de l'eau embarquée. Le proverbe dit qu'il n'y a pas de pompe plus efficace qu'un seau dans les mains d'un homme paniqué, ce qui une fois de plus se révèle parfaitement fondé, et en une heure je retrouve une cabine à peu près sèche... Il est temps d'enfiler la combinaison de survie, en Néoprène épais, qui va permettre de retrouver un peu de chaleur.

Voilà dix ans que je navigue sur ce bateau, j'y suis très attaché, et c'est, en outre, une année de préparation et de travail quotidien à bord qui vient de partir en fumée avec ce chavirage... Perdre une course est une chose, se voir arrêté en plein élan sans avoir la moindre chance de repartir en est une autre. J'entends les morceaux du mât qui heurtent le pont, je vois les appareils de navigation qui ont pris l'eau, mais qu'importe tout cela, il faut sauver la plate-forme ; il est hors de question de déclencher la balise de détresse, qui activerait les secours, permettrait d'être repêché, mais m'obligerait à renoncer au bateau et à le perdre... Je décide donc de signaler mon abandon de la course et d'organiser le sauvetage du bateau en restant à bord.

Un conteneur étanche contient un téléphone satellite, un GPS portable et une liste des numéros de secours : tout ce qu'il faut pour lancer cette vaste opération, mais je ne parviens plus à lire les numéros de téléphone et je vois tout flou à cause des fumées acides qui m'ont brûlé les yeux... Heureusement, celui de Jean-Yves Bernot est préenregistré, car c'est le dernier correspondant avec lequel j'ai parlé de météo hier soir. La conversation sera brève – il me faut préserver les batteries du téléphone iridium – et c'est à un Jean-Yves inquiet, mais tout de suite sur la même longueur d'onde grâce à sa grande expérience du large, que j'expose le problème suivant : ne pas déclencher les secours, prévenir Fabrice Thomazeau, qui s'occupe de la communication de mon projet, ainsi que mon copain Christophe Houdet, et les charger de trouver un remorqueur ou un gros chalutier qui pourrait me rejoindre. Avertir ma famille, mais seulement au petit matin. Inutile qu'elle s'inquiète durant les quelques heures de nuit qu'il reste, alors qu'il n'y a pas grand-chose de plus à faire... Le bateau n'est pas assuré, et l'impératif économique n'arrange pas la situation ; il faudrait que l'intervention du remorqueur ne coûte pas trop cher. Mais je tombe de fatigue et décide de passer la fin de la nuit à dormir sur la bannette que j'ai dû retourner pour pouvoir l'utiliser.

Le jour suivant se lève sur un spectacle digne d'un cauchemar... Le vent souffle très fort et transforme les morceaux du mât qui flottent en béliers. Ils heurtent la structure du bateau au risque de la percer : il faut au plus vite couper les cordages qui les empêchent de s'écarter. Muni d'un couteau, je découpe le filet et me glisse dans l'eau pour libérer l'écoute de grand-voile et quelques autres bouts*. La morsure de l'eau glacée s'accentue malgré la combinaison Néoprène ; les tensions entre mât et coque sont importantes, très brutales, et dans la bagarre, j'aurai l'extrémité des doigts écrasée, mais ce n'est pas sensible dans l'eau froide. Le pont a bien souffert de ces chocs répétés, la partie arrière de la coque s'est enfoncée dans l'eau car les compartiments étanches sont perforés. La nuit qui s'est écoulée dans une ambiance de survie m'a quelque peu anesthésié moralement, aussi ce n'est qu'au matin que je prends réellement conscience de l'état dans lequel le trimaran se trouve.

Chacune des pièces qui se sont détruites sous mes

yeux a fait l'objet d'une centaine d'heures de travail au fil des années. J'ai donné le meilleur de moi-même, d'abord pour décider de l'emplacement précis de chaque élément, puis pour le poser et l'entretenir. Maintenant, la bôme arrachée de son emplanture détruit la bulle de Plexiglas, l'électronique prend l'eau, les foils* ont glissé à la mer en s'échappant de leurs puits et le radeau de sauvetage s'est arraché du filet où je l'avais amarré. Ce constat des dégâts est accablant et je m'en veux terriblement d'avoir chaviré. La seconde qui m'a manqué pour choquer les voiles à temps me revient cent fois en mémoire. J'essaie de me libérer l'esprit en me rappelant n'avoir perdu aucun instant et plongé au plus vite dans le cockpit, mais en mer le skipper est responsable de tout et la vérité est là, le trimaran a chaviré par ma faute. La violence des conditions, la rigueur des éléments... autant de facteurs qui peuvent expliquer beaucoup, mais qui en tout état de cause n'atténuent pas ma responsabilité. J'ai souvent dit à mes enfants que s'ils faisaient des bêtises, l'essentiel était de pouvoir les réparer, maintenant je me le dis à moi-même !

Pendant ce temps, Fabrice et Christophe ont bien fait avancer les choses. Le premier est largement sorti de son rôle de responsable de la communication, il se consacre jour et nuit au sauvetage du bateau. Ils sont en pourparlers avec des chalutiers espagnols situés à Vigo, à deux cents milles* dans l'est, et des chalutiers bretons, à quatre cent cinquante milles dans le nord-est. Je préférais cette dernière solution, pour le sérieux et la compétence dont font preuve les pêcheurs du Finistère, même si la distance est plus longue. C'est en effet un chalutier de Concarneau, l'*Éric Vincent*, affrété par M. Lorillard, qui coordonne l'ensemble de mes partenaires. Le chalutier partira ce soir et sera sur zone dans deux jours. Le temps va me paraître bien long en l'attendant, car le bateau s'enfonce petit à petit : le bras arrière a été percé et s'est rempli d'eau, la coque centrale également. Le niveau intérieur atteint maintenant quarante centimètres et, avec les mouvements de cette masse liquide, il est difficile de ne pas être trop éclaboussé. Le jour, une clarté blafarde passe par le hublot, mais la plupart du temps se passe dans l'obscurité ; et la nuit, il est bien difficile de dormir, car j'ai fixé la couchette le plus haut possible dans la coque : le plancher du bateau est donc si près que je ne peux me retourner. Mes jambes sont glissées sous le moteur dont j'ai vérifié les fixations, en espérant qu'il ne se décrocherait pas. Le téléphone satellite a une batterie de secours, mais pour l'économiser, il ne faut pas dépasser quelques minutes de communication par jour : je n'appelle que pour donner ma nouvelle position au fur et à mesure de la dérive, et pour rester en contact avec ma famille. Le froid n'est pas trop envahissant, grâce à la combinaison de survie en Néoprène épais, et je leur livre une version des faits délibérément rassurante.

Les cargos représentent un réel danger, car je ne peux pas les surveiller et encore moins les éviter si par malheur l'un d'eux venait à faire route sur moi. Le safran* du trimaran est peint en orange fluo, mais la coque blanche ne rend pas le bateau très visible au milieu des vagues qui déferlent – la mer est encore furieuse et brise à blanc tout autour de moi. Une bombe de peinture fluo me permet de tracer un cercle d'un mètre de diamètre sur la coque, ce qui rend mon épave plus visible. L'essentiel de l'avitaillement est rangé dans le compartiment arrière, plein d'eau et inaccessible, mais quelques conserves sont à portée de mains et seront appréciées malgré l'absence de réchaud. Je gère bien aussi le stock de bouteilles d'eau. Donc beaucoup d'inconfort, mais pas encore de grosses angoisses !

Je passe beaucoup de temps à spéculer sur nos chances de réussite, sachant qu'il faudra redresser le bateau avant de le remorquer. J'avais, avant le départ, passé un accord d'entraide mutuelle avec Christophe Houdet, dont le multicoque de cinquante pieds, skippé par son amie Anne Caseneuve, participe à la Route du Rhum : j'avais réuni le matériel nécessaire au redressage d'un trimaran – Zodiac, instruments de plongée, remorque, perceuses – qui serait à sa disposition si son bateau avait un problème. Au cas où ce serait le mien, il se rendrait disponible et organiserait le sauvetage. C'est donc lui qui a complété et embarqué ce matériel à bord de l'*Éric Vincent*. Christophe passe son temps sur l'eau, et bien qu'il vive à côté de chez moi, nous nous sommes rencontrés sur une île américaine ! Il est atteint du virus du multicoque depuis toujours et se passionne pour tous ses aspects, aussi bien la navigation que la construction ou encore l'enseignement, puisqu'il gère une école de voile. Nous avons fait de nombreuses traversées de l'Atlantique ensemble, aussi bien en course qu'en convoyage, et ces périples ont contribué à forger une solide amitié. Se sont joints à lui Loïc Quello, de Saint-Philibert, avec qui j'avais ramené *Eure & Loir-Lorénove* en Europe après la Transat Anglaise de juin 2000, et Jean-Luc Marlière, pompier et plongeur, basé à Lorient.

Quel réconfort lorsque, au jour dit, le chalutier apparaît ! Juché sur la coque centrale, en me tenant à la dérive*, je l'ai vu arriver de loin, petit point qui a progressivement pris de l'ampleur, pour enfin incarner un véritable espoir de sauvetage pour mon bateau. Pas question de traîner pour autant, il faut agir rapidement, car il ne reste plus que deux heures de jour, et la mer est encore forte... J'aperçois entre deux vagues que, sur le chalutier, on s'empresse de mettre le Zodiac à l'eau. Loïc saute à bord, prend la barre, conduit et parvient à se glisser entre flotteur et coque centrale, où je m'empresse de l'amarrer. C'est un vrai bonheur de retrouver ses amis ! Mais, là encore, les effusions sont de courte durée car le crépuscule nous talonne : Christophe et Jean-Luc se sont équipés pour la plongée et les voilà déjà sous l'eau, s'escrimant à finir de séparer le gréement de la plate-forme. Une opération dangereuse, dans la mesure où les débris montent et descendent au gré de la houle. Il faut aussi larguer le bout-dehors*, et Christophe y va à la nage. Tout à coup, nous l'entendons crier : sa bouteille d'air est prise dans un câble du tangon, il se retrouve par moments complètement immergé et, à d'autres, hors de l'eau, alors que son détendeur est arraché. Jean-Luc nage vers lui au plus vite, tandis que Loïc et moi repoussons le Zodiac à l'eau. En professionnel habitué à sauver les vies, Jean-Luc va rapidement aider Christophe à larguer sa bouteille d'air et à la décrocher, tandis que je m'approche d'eux... Mais l'avant du trimaran se soulève dans un grand mouvement de houle et retombe lourdement sur l'avant du pneumatique, qui se déchire sur une grande longueur. Nous parvenons tous à nous réfugier entre bras et coque, qui constituent un port naturel au milieu des vagues. Nous soufflons un peu – Christophe a bu la tasse, il est sonné mais la carcasse est solide, et il reprend doucement le dessus.

Il faut maintenant préparer le redressage du bateau, car les heures filent trop vite... Nous devons pour cela couler un des flotteurs et Jean-Luc va plonger pour ouvrir les nables* qui sont sous l'eau tandis que je perce, à cheval sur le flotteur, une série de trous qui serviront d'évents* au fur et à mesure de la montée de l'eau dans les compartiments. Les deux perceuses, copieusement arrosées par les embruns, rendent l'âme, mais les trous sont faits. Loïc a effectué la navette entre chalutier et trimaran, pour nous apporter le matériel à bord de ce qui reste du Zodiac, tandis que Jean-Luc, aussi à l'aise dans le filet recouvert par les vagues que d'autres dans un salon de thé, nous explique comment il voit la manœuvre. De son côté, Christophe, qui a repris des forces, demande par VHF* à l'*Éric Vincent* de se rapprocher pour tenter le redressement. Mais le chalutier vient de bloquer son hélice dans le gréement à la dérive en essayant de le repêcher, comme nous l'avions demandé. Il ne peut plus faire route et la situation devient encore plus difficile, voire franchement complexe. Le trimaran, qui n'est plus ralenti par son gréement, dérive beaucoup plus vite que l'*Éric Vincent* et les deux bateaux s'éloignent l'un de l'autre, alors que la nuit est cette fois imminente.

La décision à prendre est délicate : rester à quatre dans un bateau plein d'eau, percé de toutes parts, et pour un temps indéterminé, ou tenter de rejoindre le chalutier en parcourant mille cinq cents mètres contre un vent de force 6, avec un demi-Zodiac également bien lesté. Jean-Luc, pour qui les situations extrêmes sont un cadre de travail, a l'expérience de la navigation en pneumatique crevé. Il pense que c'est jouable, à condition de se munir d'une VHF et d'une lampe torche au cas où...

Une fois l'avant du Zodiac replié, Jean-Luc, Christophe et Loïc font route à petite vitesse vers l'*Éric Vincent*, qui s'est encore éloigné. La tête du moteur hors-bord dépasse juste de l'eau et la panne est à craindre – une posture pour le moins inconfortable. Je surveille cette embarcation de fortune en me tenant à la dérive, le plus haut point de la coque centrale, mais perds rapidement mes amis de vue dans le crépuscule qui s'installe. La VHF portable me permettra de savoir, une heure plus tard, qu'ils sont bien revenus à bord du chalutier... Mais quelle inquiétude de les imaginer à la dérive, en panne, à deux cents milles des côtes, alors que la colère de la mer s'est à peine apaisée.

Cet épisode restera gravé dans ma mémoire, et constitue sans doute l'événement le plus angoissant de toute cette épopée – même si les nombreuses heures passées à attendre les secours dans l'eau froide n'ont pas non plus été sans occasionner quelques moments difficiles à vivre...

Ces dernières heures, si agitées après une longue attente immobile, me semblent avoir été vécues en rêve car je me retrouve seul à bord, exactement comme avant... Il était nécessaire que je reste pour donner la position du bateau, mais la situation n'est pas brillante : dans la précipitation, j'ai oublié de refermer les bouchons de bras, ouverts pour préparer le retournement, et le niveau de l'eau monte encore dans la cabine ! Je dois impérativement aller les refermer en pleine obscurité avant de pouvoir me réfugier à l'intérieur. La nuit sera encore plus froide et longue que la précédente et, au matin, j'apprends par la VHF que Jean-Luc a courageusement plongé sous le chalutier dans l'obscurité, amarré à un simple bout. La grand-voile était trop prise dans l'hélice, il n'a pas réussi à la démêler et a même failli se faire assommer sous la voûte de l'*Éric Vincent*, montant et descendant brutalement dans la houle. Les deux bateaux sont maintenant éloignés d'une trentaine de milles car *Eure & Loir-Lorénove* dérive à deux nœuds, tandis que le chalutier conserve sa position grâce à son tirant d'eau* important. À l'envers et sans aucun appendice, le trimaran glisse pour sa part à la surface de l'eau et n'oppose presque aucune résistance. Je m'imagine déjà, porté par les vents d'ouest, approchant la Bretagne au terme de quinze jours de survie totale !

Par bonheur, l'équipage, à force de marches avant et arrière, réussit à dégager son hélice, au risque d'en tordre l'arbre. Le chalutier peut désormais se rapprocher de moi, mais seulement à trois nœuds, car de fortes vibrations se font sentir dès que le commandant dépasse cette allure. Je les vois tout l'après-midi approcher doucement... Et ce n'est qu'au crépuscule qu'ils se trouvent enfin à une cinquantaine de mètres. Christophe et Jean-Luc, en combinaison Néoprène et palmes, plongent et nagent de toutes leurs forces en tractant un petit cordage auquel est amarrée une longue aussière*. Il faut faire très vite, toujours à cause de la différence de dérive entre les bateaux. La VHF ne fonctionnant plus, il ne nous est pas possible de nous concerter pour cette manœuvre, mais nous nous retrouvons immédiatement en phase. L'amarre est halée à grande vitesse et nous la saisissons sur le bras central du trimaran. Ainsi, il ne se sauvera pas pendant la nuit... et même si le sauvetage complet est loin d'être acquis, voilà une première étape achevée avec succès. Un *flash-light** et un réflecteur radar sont installés, et il est temps de rejoindre l'*Éric Vincent* chacun à notre tour, dans l'obscurité. Je saisis l'amarre à bras-le-corps et me déhale le long de celle-ci au plus vite ; mais alors que je suis à mi-chemin, elle se tend brutalement et me projette en l'air, avec tant de brutalité que je ne suis pas loin de la lâcher. Un bout d'assurance permettra de sécuriser ce dangereux trajet pour Christophe et Jean-Luc, qui nous rejoignent.

Enfin nous sommes à bord, et je peux faire connaissance avec les marins venus de Concarneau, malgré le gros temps, pour me tirer de ce mauvais pas. L'équipage, Pascal et Luc, sont à la manœuvre des treuils, ainsi que Fanfan leur patron – mais les présentations sont vite interrompues, car la grand-voile est encore prise sous la coque de l'imposant chalutier. Celui-ci roule bord sur bord, arrêté en travers de la houle, et Jean-Luc doit retourner à l'eau dans la nuit, équipé d'un phare et de sa bouteille de plongée, tandis que l'équipage remonte progressivement la voile sur le pont arrière, tel un grand chalut. Le matériel du bateau est bien adapté pour cela et en moins d'une heure, tout est ramené sur le pont, y compris notre Jean-Luc qui, une fois encore, n'a pas eu froid aux yeux ! Fanfan est bien soulagé d'avoir récupéré tout son monde à bord.

Une fois séché, il est temps de partager un bon repas, dans la douce chaleur de la cuisine, située près de la salle des machines. Je retrouve avec bonheur un environnement confortable, et apprécie à sa juste valeur la franche convivialité de l'équipage. Ce que nous venons de vivre tous ensemble a naturellement créé une complicité qui n'a pas besoin de grands discours pour prendre corps, et la discussion s'engage très vite sans autre forme de cérémonie. Sans oublier les engelures et les diverses douleurs dues au froid, je raconte ces derniers jours passés dans l'eau qui envahissait le trimaran, tandis qu'ils me disent avec quelle énergie et quelle efficacité ils ont préparé leur départ. Il leur a ensuite fallu faire route face au vent – force 8 à 9 – sans pour autant réduire la vitesse, afin de venir au plus tôt à mon secours.

Il y a une bonne ambiance à bord et les barrières traditionnelles entre pêcheurs et « voileux » sont tombées. La personnalité de mes trois amis y est certainement pour beaucoup : Loïc est fils d'ostréiculteur et, s'il s'est orienté vers la compétition et la construction de bateaux, il ne s'est jamais coupé de ses racines et sait conserver une grande discrétion. Ayant participé à deux Mini Transats, Loïc a développé à terre une spécialisation dans la réalisation de pièces complexes en métal, devenant rapidement l'un des meilleurs constructeurs de mâts en aluminium pour la classe Mini.

Jean-Luc, pour sa part, nous raconte quelques-uns des multiples sauvetages auxquels il a participé, sans qu'il soit là question de se mettre en avant d'aucune façon – il parle simplement de son métier, ce qui ne manque pas de susciter le respect de son auditoire. Quant à Christophe, qui passe plusieurs mois par an à convoyer ou à régater en multicoque, il s'adapte immédiatement aux marins finistériens. Une sorte de proximité naturelle entre gens de mer...

L'équipage de l'*Éric Vincent* nous relate à son tour les campagnes d'hiver autour de l'Irlande, où il faut affronter le mauvais temps pour remplir les cales de poissons pendant trois semaines, puis rentrer ensuite quelques jours à terre avant de repartir... toujours trop vite. L'essentiel de leur vie se passe en mer, à bord de ce bateau en acier qui roule tant qu'il faut s'agripper en permanence. Les journées de travail n'ont pas de fin lorsque le poisson est là et que les traits de chalut se succèdent. Fanfan a l'âme d'un vrai traqueur et lorsqu'il est sur la piste, il n'est pas question de lâcher, quel que soit son propre état de fatigue, celui de son équipage, ou les conditions de mer. Leurs récits, ainsi que le confort de cette cuisine qui constitue un havre de paix à bord, sont d'autant plus agréables que j'ai vécu ces derniers jours dans le froid, la solitude et l'inquiétude – mais je tombe de sommeil et vais m'effondrer sur une couchette, pour me retrouver par terre aussitôt : le roulis est tel qu'il faut se cramponner même en dormant !

Je me réveille vers cinq heures du matin car le petit fil noir qui me relie au trimaran vient de m'alerter... En effet, une fois sur le pont, je ne vois plus son flash clignoter. L'amarre vient de casser. Il faut sillonner la mer une heure avant de retrouver *Eure & Loir-Lorénove*. Nous l'accompagnons à distance toute la journée, impuissants, en espérant que le vent se calme, mais ce n'est que le soir que nous pouvons porter une nouvelle amarre à la nage, pour ne pas risquer de le perdre dans la nuit. Tout se déroule bien, malgré un bon force 6, grâce à la coordination de Fanfan à la barre, des marins aux manœuvres, et de notre équipe en palmes, masques, tubas. Mis à part le grand bain, il n'existe aucun autre moyen de faire la navette entre les deux bateaux !

Au matin, le jour se lève sur une mer partiellement calmée et nous remettons le pneumatique rafistolé à l'eau. Nous avons placé des boudins rigides dans le compartiment percé, et remplacé le moteur hors-bord qui a bu la tasse par un plus petit. L'heure est venue d'essayer de remettre le trimaran à l'endroit. Il nous faut amarrer un cordage au flotteur que nous voulons immerger afin de faciliter le retournement, et les câbles du chalut, d'un poids de six tonnes, vont s'avérer très utiles pour endosser le rôle du lest. J'ai une expérience de redressage de ce bateau, exécuté avec succès au large du Canada en juin 1996, à la suite de mon chavirage dans la Transat Anglaise, mais cette technique s'avère difficile à mettre en œuvre, et sur les conseils de Jean-Luc, nous allons tenter une version inédite (schéma explicatif). Après avoir laissé filer tout son câble, l'*Éric Vincent* part sous le vent du trimaran à pleine vitesse, et la tension du câble permet d'immerger le flotteur encore davantage. Le trimaran pivote sur sa coque centrale,

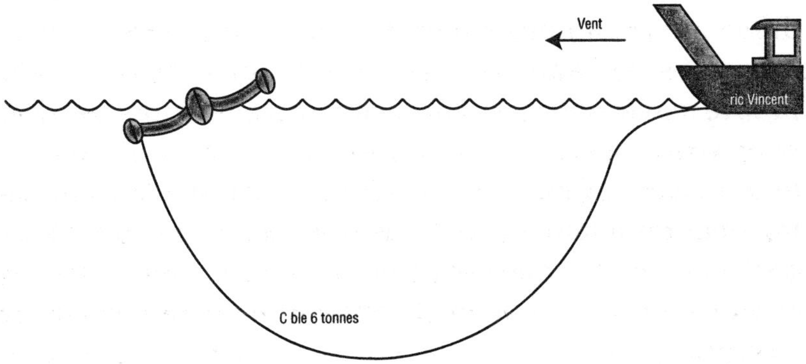

puis se redresse en souplesse, tandis que Christophe et Jean-Luc plongent pour ne pas se retrouver coincés sous le bateau. De mon côté, je m'agrippe au tableau arrière pour éviter un bain supplémentaire... Loïc récupère tout le monde à bord du Zodiac et nous hurlons de joie en voyant le trimaran dans le bon sens ! La partie était délicate, loin d'être gagnée d'avance, mais notre détermination et la bonne coordination de l'équipe dans son ensemble ont permis de surmonter les obstacles.

L'*Éric Vincent* a molli son câble, et nous pouvons larguer l'amarre qui maintenait le flotteur immergé... Malgré cela, le bateau est très bas sur l'eau, et si le redressage n'a pris que quelques heures, il faudra toute la journée pour vider les trente tonnes d'eau qui le remplissent, à l'aide des groupes électrogènes, de quatre pompes électriques et de l'irremplaçable seau. Au fil des heures, le trimaran remonte finalement à la surface, et je visse des plaques provisoires pour boucher les plus gros trous sur le pont. Fanfan s'inquiète du temps qui passe, la nuit est tombée et le vent forcit. L'amarre de remorquage est mise en place, disposée en patte d'oie sur les flotteurs pour que le bateau suive droit, car Fanfan ne veut pas que nous restions à bord pour barrer... Cet ordre, que je n'aurais accepté de personne – tant il m'est difficile d'abandonner mon trimaran juste après l'avoir retrouvé –, je l'admets de sa part. Maître à bord de son propre navire, il s'est lui-même engagé corps et âme pour que l'opération réussisse, au point de ne même plus dormir la nuit tant il réfléchissait aux meilleures manœuvres à faire ! Je me plie donc de bonne grâce à sa décision, sachant que nous poursuivons le même objectif et que le sauvetage de mon trimaran lui tient réellement à cœur.

Mais nous ne sommes pas au bout de nos peines, car le deuxième hors-bord aussi a été submergé, et il faut rejoindre l'*Éric Vincent* en nous déhalant le long de la remorque. Au moment de remonter le pneumatique sur le pont, son amarre se rompt et nous le voyons dériver dans la nuit sans pouvoir retourner le chercher, car le multicoque en remorque limite notre capacité de manœuvre. Fanfan met en route à petite vitesse et nous avons la consolation de voir le trimaran suivre sagement, sans effort. La vitesse augmentera progressivement jusqu'à huit nœuds et le trajet vers La Trinité-sur-Mer se passera bien. Nous arriverons le surlendemain au matin.

Ma compagne, Virginie, qui partage mes aventures et mésaventures depuis treize ans, est là lorsque nous accostons. Elle a réussi à surmonter ses inquiétudes pour donner confiance aux enfants, et même si je sais que cela n'a pas été facile, elle n'en laisse rien paraître. J'imagine ses craintes, les longues heures d'attente, mais une sorte de pacte tacite fait que nous ne nous étendons pas sur la question... Sans doute pour éviter de laisser trop de place aux idées sombres. Mes partenaires d'*Eure & Loir-Lorénove* sont venus eux aussi, et je suis d'autant plus touché par leur soutien que c'est la première fois que cela m'arrive. Après les coups durs, les retours à terre se passent habituellement dans l'indifférence, ce qui n'est pas évident à vivre lorsque l'on rentre déjà avec le moral en berne. Là, c'est un équipage de sponsors solidaires qui est venu nous accueillir, nous aider à amarrer le trimaran et à débarquer les morceaux de gréement avant d'aller partager un repas avec les marins de l'*Éric Vincent*. Ceux-ci repartiront dans l'après-midi, cap sur Concarneau puis sur la mer d'Irlande... Cette arrivée au port met en lumière la solide chaîne de solidarité qui s'était créée autour du sauvetage de mon trimaran. La bienveillance et l'engagement de chacun permettent naturellement – bien que momentanément – d'atténuer la déception liée à la fin prématurée et fracassante de mon aventure sur la Route du Rhum...

Si jamais d'aventure...

Le bilan de cette transat avortée est bien lourd, malgré la grande satisfaction d'avoir sauvé le trimaran et aussi de n'avoir pas souillé la mer en y laissant les débris du gréement. J'ai perdu mât et voiles, et si la plate-forme est entière, il y a des dizaines de trous à réparer. Toute l'électronique et l'intégralité du circuit électrique sont à changer. L'ensemble représente plus que la valeur du bateau, et ce matériel n'est pas assuré. Je ne désespère pas de faire renaître le trimaran de ses cendres, mais la situation ne s'y prête pas, comme je m'en rendrai compte dans les semaines à venir. Je reste très attaché à ce navire sur lequel j'ai travaillé jusqu'à l'épuisement, à bord duquel j'ai remporté la Transat Anglaise, et qui m'a procuré tant de joie en mer grâce à sa robustesse et son comportement marin. Pour autant, il n'est pas de grande course qu'il soit en mesure de remporter pour l'année à venir : il n'est donc pas simple de trouver un bon angle d'attaque pour proposer un projet intéressant à mes partenaires. À la joie d'avoir réussi le sauvetage du bateau en compagnie d'amis, et grâce au soutien de l'équipage de l'*Éric Vincent*, succède une période de doute. Le contrecoup de la fatigue accumulée pendant les cinq jours que j'ai passés dans le trimaran retourné, sûrement. Mais aussi une sorte de vertige qui m'assaille lorsque je regarde les choses en face : tout est à reconstruire, c'est aussi simple que cela. Néanmoins, toute expérience en mer est bonne à prendre, et entre autres choses, je me dis, pour positiver, que cet échec est dû à une erreur de ma part... sans oublier le contexte, qui m'a incité à en demander trop au bateau, et à entrer dans la fameuse zone rouge où tout est possible lorsque les conditions sont difficiles, de l'avarie structurelle au démâtage ou au chavirage.

Si je sais demander l'impossible à un bateau en course, j'en souffre avec lui, et mon expérience de préparateur et de constructeur me permet de sentir clairement le moment où le bateau a mal parce qu'on lui demande trop. J'aspire à un projet que je puisse mener au rythme des éléments et en respectant le bateau. Être en phase avec la machine, le vent, les vagues... voilà une approche qui me séduit. Je viens de subir un revers, taquinant les limites pour rester dans la course, alors qu'il aurait fallu lever le pied ; aussi mon besoin d'harmonie ne s'en trouve que renforcé. Je me prends également à rêver d'une grande aventure, en un élan similaire à celui qui m'animait lors de mes débuts en course il y a maintenant, déjà, treize ans.

Il faut toujours chercher dans l'enfance pour retrouver les racines de ce que l'on vit une fois adulte. Si je n'ai pas eu la chance de vivre au bord de la mer étant petit, j'ai échappé à la vie citadine qui ne m'aurait pas convenu. Les champs de blé brassés par les vents d'été permettent aux rêves de naître. Nous avions un ruisseau et un petit bois près du village où vivait notre famille. Mon frère aîné Christian et moi-même y voyions un fleuve et une forêt vierge... Nous nous y aventurions tels des explorateurs arrivant à l'estuaire de l'Amazone, dès que l'école nous laissait quelque répit les jeudis et dimanches. Nous y construisions des cabanes en genêts que nous n'aurions pas échangées contre un château. La Drouette, le cours d'eau qui partageait notre domaine en deux, représentait un défi quotidien qu'il fallait relever par des moyens moins terre à terre que le pont du village : par exemple en passant d'une rive à l'autre en se balançant de branche en branche, en créant des gués, ou en empruntant la baignoire en zinc de la ferme voisine pour construire un navire, équilibré par une planche et un bidon... un prao* en quelque sorte. Tout cela se finissait immanquablement dans la boue, les orties, et parfois franchement trempés !

Notre mère, qui dirigeait l'école du village et avait passé la journée à dresser trente gamins de notre acabit, nous laissait une grande liberté, mais appréciait modérément ces retours dégoulinants, et nous lui en avons fait voir de belles ! Les jours de grand vent étaient les meilleurs pour grimper aux arbres de notre forêt, et je me sentais comme fou à me balancer au sommet des branches, tandis que le vent balayait les chênes tout autour de moi et les brassait telle une houle de fond à la couleur vert sombre. C'est tout un art de monter aux arbres sans tomber, il faut savoir distinguer les branches solides de celles qui peuvent casser, éviter les parties humides et glissantes, briser à l'avance les branches mortes qui représentent un danger, et progresser jusqu'en haut en gardant au moins trois prises, sans un regard vers le plancher des vaches, quelquefois vingt-cinq mètres plus bas ! Une bonne formation de gabier en quelque sorte... Cela se soldait en général par des accrocs à nos vêtements, mais une prudence naturelle devait nous habiter, car jamais nous ne sommes tombés, ni ne nous sommes blessés.

Quelques années plus tard, nous profitâmes des vacances scolaires pour partir tous deux à vélo à l'aventure : nous avons parcouru l'Eure-et-Loir, la Vendée, la Bretagne, l'Ardèche et l'Espagne – Christian ayant même sillonné l'Écosse – en nous nourrissant de pain, de margarine et de chips !

Rapidement, l'étendue de ce goût pour le voyage prend de l'ampleur, et à dix-sept ans je découvre la voile au centre nautique des Glénans, où j'entretiens les dériveurs. En échange, je peux disposer le soir des différents bateaux de la base, du vaurien aux dogres et cotres. C'est alors que s'impose à moi une évidence : la mer sera la clé de mon ouverture au monde. Celle qui m'ouvrira les portes de la découverte de pays étrangers, celles de la compétition et d'autres encore... Les océans me paraissent être le chemin naturel sur lequel je tracerai ma propre voie et, sans aller jusqu'à parler de « vocation », il est clair qu'aucune autre option n'est jamais venue contester l'attrait qu'exerçait sur moi le monde maritime. L'idée d'une carrière professionnelle « classique » ne m'a même jamais effleuré, et je savais pouvoir subvenir à mes besoins où que je me trouve, ce qui naturellement ne m'a pas poussé à rechercher la sécurité d'un métier stable... Cette belle assurance, je la dois à mes parents qui nous a très tôt appris à nous débrouiller et à conquérir notre autonomie – une éducation qui, associée à mon penchant pour l'aventure, n'a bien sûr pu que m'enjoindre à me laisser porter par ma soif de grands voyages, celle-ci ayant de surcroît rapidement trouvé une complice évidente : la mer.

Chaque année, je pousse un peu plus loin derrière l'horizon, et à la suite d'une navigation m'ayant mené aux Antilles, j'approche un grand catamaran de course, alors en escale, que l'on connaît aujourd'hui sous le nom de *Club Explorer*. Sur le coup, l'engin me fait l'effet d'un vaisseau spatial, et à me voir rôder autour à la rame à bord de mon annexe, l'équipage finit par m'inviter à monter. Je suis perdu entre les différents postes de barre, les deux coques et la nacelle centrale, mais j'évite de poser des questions qui pourtant me démangent... Elles paraîtraient sans aucun doute saugrenues à ces spécialistes de la course au large que je côtoie pour la première fois. J'ose à peine imaginer le comportement d'un tel bateau en navigation !

Finis les odyssées sereines et les convoyages tranquilles... Je ne rêve plus de promenades bucoliques, je viens d'être contaminé sans même avoir quitté le port. De retour en Bretagne, je me mets à visiter les chantiers spécialisés dans la construction de ces grands coursiers océaniques, et la découverte de deux longues coques rouges, abandonnées à l'arrière du chantier Multiplast de Vannes, me sert d'électrochoc. Les formes sont très pures, et leur beauté me subjugue. Elles appartenaient au catamaran skippé en des temps meilleurs par Jean Maurel, avant d'être démontées et délaissées pour cause de mauvaise construction. Les fuseaux de vingt et un mètres sont faits de carbone et de nid d'abeille, ce qui m'inquiète bien un peu, car mon expérience de constructeur est limitée aux bateaux en bois moulé. Mais l'occasion est trop belle : ces coques appartiendront à qui voudra bien les prendre, à condition de débarrasser le chantier, et il est pour moi hors de question de ne pas me porter volontaire. Deux de mes amis (dont Christophe Houdet), qui tiennent l'école de voile d'Arradon, vont m'aider à relier l'ensemble des deux coques avec des madriers, et à l'équilibrer avec leurs pneumatiques de sécurité. Sans autre forme de procès, l'étrange radeau quitte aussitôt le chantier, sous le regard étonné de son patron, Gilles Ollier, qui nous prédit que cet assemblage fantaisiste ne tiendra pas cent mètres !

Nous devons descendre tout le golfe du Morbihan sans gouvernail, les pneumatiques servant à diriger la structure. À notre arrivée en baie de Quiberon, une petite houle d'automne nous attend et manque de disloquer l'ensemble. Nous rejoignons tant bien que mal la rivière de Saint-Philibert en passant à l'intérieur des cailloux, là où la mer est plus calme, et c'est un ostréiculteur niché au fond de la ria qui nous accueille : Dédé Kersuzan. Il possède un petit terre-plein inutilisé pendant l'hiver et me le prête avec sa gentillesse naturelle. Le genre de coup de main propre à enlever une sacrée épine du pied, car il est bien beau d'avoir récupéré de quoi faire le grand bateau de ses rêves si l'on ne sait où poser cet encombrant matériel... Si Dédé a tout de suite offert son hospitalité, d'une manière générale, une grande partie de la population ostréicole de Saint-Philibert, ayant eu vent de mon projet, le soutiendra avec sympathie.

Une fois devant le terrain qui me servira de chantier, il faut désaccoupler l'ensemble et, à l'aide de palans, faire glisser les coques une par une sur des rouleaux, avant de les aligner face à la mer et de construire une serre de maraîcher. Car l'hiver approche, et les nombreux trous qui ornent les coques seront plus aisés à boucher si je m'abrite au moins des rigueurs du climat... Je découvre le travail des résines époxy et tissus de verre en grandeur réelle. Les six mois à venir vont me permettre de progresser très rapidement dans ce domaine. Il faut s'organiser au plus serré pour pouvoir remettre seul en état des mètres et des mètres carrés de coques délaminées, et je ne m'octroie que de rares récréations, à regarder les oiseaux du large naviguer en baie. La découverte, au chantier Delacombe, à Locmiquélic, d'une ancienne poutre du catamaran *Roger & Gallet* me permet de relier les deux coques à une largeur de onze mètres tandis que la poutre centrale sera improvisée en contreplaqué stratifié. Une option osée, mais mon enthousiasme est tel que rien ne m'effraie *a priori* ! Je fais une autre trouvaille heureuse, à Saint-Brieuc cette fois : des morceaux de mât en aluminium. Récupérés à la suite du démâtage du catamaran *Stalaven*, skippé par Dominique Marsaudon, ils me permettent de gréer le futur bateau, après un transport épique sur une remorque trois fois plus petite que les morceaux du mât... Quelques manchons en aluminium feront le reste.

Malgré le mauvais temps et le vent qui arrache les bâches tendues au-dessus des coques, j'avance à grands pas. Dès le retour du printemps, les belles journées permettent d'amarrer un filet de pêche entre les coques, faisant office de trampoline, et d'appliquer une belle peinture rouge après un ponçage à l'eau réalisé dans une ambiance festive avec les copains. La mise à l'eau mobilisera la bonne volonté des ostréiculteurs de Saint-Philibert car, faute de budget pour un grutage, nous faisons glisser les cinq tonnes du catamaran jusqu'à la mer où les étraves* prennent appui sur une plate-forme en bois, dont la vocation originelle est de transporter les mannes d'huîtres. Nous faisons avancer l'ensemble en poussant à la main, le tout dans la bonne humeur, malgré quelques rayures sur la peinture ! Bien sûr, le bateau n'est pas motorisé, il ne le sera d'ailleurs jamais, et les manœuvres de port tiennent du pur folklore : lors des prises de coffre, il suffit d'affaler les voiles au moment judicieux, tandis qu'un équipier, muni d'une amarre, plonge vers la bouée.

Je tâche, lors des premières sorties en baie de Quiberon, de faire participer tous ceux qui m'ont aidé ces derniers mois afin de les remercier et de leur faire découvrir le comportement d'un catamaran de vingt et un mètres. Jamais, au gré de mes divers convoyages, je n'avais eu à gérer un bateau dont la longueur excédait neuf mètres, mais le saut dans l'inconnu se passe plutôt bien. Après un été passé à effectuer les essais tout en courant après quelques poulies et autres winches* pour compléter l'armement*. J'inscris le bateau à la Route de la Découverte, qui relie Cadix à Saint-Domingue et part en novembre 1988. Nous serons quatre pour cette course en équipage : mes copains Éric et Yann m'accompagnent ainsi que José, un Espagnol qui nous a rejoints à Cadix et nous a aidés à trouver un sponsor local. Huit jours avant le départ, notre nouveau partenaire, IB express, mettra son nom sur les coques et nous permettra de payer les frais d'inscription ainsi que d'équiper le bateau avec l'électronique obligatoire, à savoir BLU*, positionneur satellite, VHF... Nos concurrents sont prestigieux et nous sommes fiers de trouver notre place au sein d'une flotte composée de pur-sang océaniques, qu'ils soient mono ou multicoques. Nous sommes certes assez vite distancés, trahis par nos vieux spis qui se déchirent sur toute leur longueur et qu'il faut recoudre à la main. Mais nous connaissons néanmoins une satisfaction le long des côtes de Mauritanie...

En pleine nuit, Éric aperçoit des fusées rouges et prend contact par VHF avec un chalutier en détresse, qui nous signale être victime d'une voie d'eau importante. Des secours sont à sa recherche, mais ne parviennent pas à le localiser, faute de position précise : or notre nouvel appareil satellite va permettre de coordonner les recherches, et si nous perdons quelques heures, nous sommes heureux d'avoir contribué à sauver des vies. La mer exige cette solidarité, et le bonheur d'avoir pu tirer un équipage de l'embarras fait passer au second plan les performances sportives.

La route est moins rapide que ce que nous avions espéré, car l'alizé* n'est pas établi et il faut virer l'île San Salvador. Notre avitaillement est bien léger, et nous finissons les derniers jours en devant nous contenter d'un régime uniquement composé de riz et d'eau. Nous touchons au but après quatre mille milles de course, satisfaits de nous classer troisième dans notre catégorie, après *Jet Services*, skippé par Serge Madec, et *Alimentos de España*, par Bruno Peyron... De quoi attiser mon envie de faire mieux. J'effectuerai en solitaire le convoyage retour, entre Saint-Martin aux Antilles et La Trinité, avec dans l'idée d'entamer ma préparation pour la Route du Rhum 1990. Improvisation et empirisme bien gérés ont permis la réalisation de ce projet, *a priori* farfelu, et j'ai dû à cette période apprendre une foule de choses, de gré ou de force. Travail des matériaux composites, collage de l'aluminium, maniement d'un grand bateau en solitaire dans quarante nœuds de vent...

La participation à la Route du Rhum 1990 m'apprendra également que le respect de la parole donnée et des accords écrits ne sont pas une priorité dans le monde de la course au large. À la suite d'un différend avec l'organisateur de l'épreuve, qui m'avait pourtant garanti que je pourrais m'aligner avec mon bateau en l'état, il me faudra au dernier moment couper un mètre devant et derrière chacune des coques pour pouvoir prendre le départ. Le catamaran tronqué aura beau soulever des gerbes d'eau avec ses étraves mal équarries, il ne marchera pas si mal et sera pointé en troisième position sur cinquante concurrents aux Açores, avant de finir dixième, les vents portants lui réussissant moins bien. Cette belle aventure se terminera par un naufrage au milieu de l'Atlantique Nord lors du convoyage retour en solitaire, les bricolages ayant trouvé leurs limites. Je serai récupéré par un cargo bananier qui faisait route sur Bocas del Toro, un hameau perdu dans la jungle panaméenne où il devait faire son chargement.

Le goût de la performance s'est petit à petit allié au goût de l'aventure, et je vais découvrir un vrai bateau de régate océanique grâce à Paul Vatine, qui me prend comme équipier pour la course de l'Europe. À bord de son voilier dessiné par l'architecte Marc Lombard, nous gagnons l'étape Vigo-Villamoura. J'apprends énormément au contact de cet homme, capable de se passer de sommeil plusieurs jours d'affilée, de se battre des heures pour gagner quelques milles dans le calme plat de la Méditerranée ou de barrer sans mollir dans le mauvais temps. Paul, encore plus exigeant pour lui-même que pour ses équipiers. Paul, tragiquement disparu en mer lors de la Transat Jacques Vabre en 1999, suite au chavirage de son trimaran... Que les vents te soient favorables, Paul, pour ce grand voyage que tu poursuis dans une autre dimension.

Temps et sponsors aidant, vient l'époque de *Paragon*, un trimaran anglais de dix-huit mètres dessiné par Adrian Thomson, avec lequel je participe avec bonheur à toutes les courses pendant trois ans, de 1990 à 1993. Pour certaines épreuves, j'associe plusieurs partenaires pour tenter de parvenir à un équilibre financier. C'est ainsi qu'une entreprise de menuiserie côtoiera Vuarnet et la Banque populaire de l'Ouest lors de La Baule-

Dakar. Ce dernier partenariat prend de l'ampleur, grâce aux bonnes relations que j'entretiens avec quelques banquiers rennais passionnés de voile, et qui naviguent d'ailleurs eux-mêmes.

Après la troisième place de *Paragon* lors de la Transat Anglaise de 1992, décision est prise de faire construire un nouveau trimaran afin de jouer cette fois la victoire lors des prochaines grandes épreuves. L'architecte retenu est Nigel Irens, le constructeur, Gil Carmagnani. Bardé de son impressionnante moustache, perpétuellement pieds nus, Gil est assurément une figure dans l'univers des voiliers de course, ayant semé dans son sillage une foule de prototypes qui sillonnent les mers du globe... On lui doit d'emblématiques coursiers comme *Laiterie de Saint-Malo*, *Fujicolor* ou encore *Foncia*. Pour autant, il n'en a tiré ni richesse ni gloriole, mais a accumulé plus de savoir-faire et d'intelligence que quiconque en matière de grands multicoques et de construction à base de matériaux composites. Bref, le « jouet » que l'on me propose ne se refuse pas, sa gestation est assurée par les meilleurs spécialistes et je disposerai, pour la première fois de ma vie de coureur, d'une machine réellement compétitive. Néanmoins, je sens rapidement que le fonctionnement typé « grande écurie de course » ne convient pas forcément à mon tempérament – mais les dés sont jetés, et pendant quatre ans je mène la vie d'un skipper soutenu par un partenaire doté de gros moyens, avec à ma disposition quelques équipiers et une véritable assistance technique. Les choses se déroulent fort bien, tant que le bateau est aux mains de l'équipe basée à Rennes, avec laquelle les relations restent au beau fixe. De plus, je conserve mon statut d'artisan, et la liberté qui en est l'un des corollaires. Mais des difficultés ne tardent pas à me pousser à accepter de devenir salarié de mon sponsor, la direction des opérations émigrant alors vers Paris – je ressens vite, et avec une acuité certaine, une perte de marge de manœuvre. De plus, je dois fréquemment me rendre au siège parisien, au détriment de la préparation du bateau. Le fonctionnement bureaucratique prend parfois des allures caricaturales, comme lorsqu'il me faut faire une demande de congés en plusieurs exemplaires au retour d'une éprouvante course en solo au cours de laquelle je n'ai quasiment pas dormi pendant deux semaines ! Il est grand temps que ma route et celle de mon partenaire se séparent, et je pense alors créer ma propre structure, puis racheter le trimaran... ce bateau en effet mérite bien une victoire, ne serait-ce que par égard pour Gil et son équipe qui l'ont si bien construit. Et durant ces années, si les places de second ont été légion, les lauriers se sont défilés, parfois pour une poignée de minutes ! Comme s'il avait été écrit que, dans sa livrée bleue, ce bateau ne gagnerait jamais – et je veux absolument conjurer cette malédiction !

Au terme d'une longue période de tractations et de marchandages, l'achat du bateau par la SARL Océa, ma nouvelle structure, est enfin finalisé. Je décide de m'aligner au départ de la Transat Anglaise 2000, prévu en juin, et commence à m'impatienter lorsqu'en mars, après plusieurs mois, les papiers ne sont toujours pas en ma possession... La Banque Populaire a pourtant fait construire un nouveau trimaran à ses couleurs pour cette même épreuve... Les semaines filent sans que rien ne semble se débloquer, et je finis par me rendre à l'évidence : les banquiers parisiens jouent la montre pour m'empêcher de courir contre leur nouvelle monture. Ils n'ont pourtant pas de gros soucis à se faire, puisque je ne récupère que la plate-forme tandis qu'ils conservent mât, voiles et électronique pour leur second trimaran ! Ayant par nature beaucoup de mal dans ce genre de situation à patienter derrière mon téléphone, je décide d'aller à Port-la-Forêt récupérer le bateau que j'ai acheté, mais dont l'acte de vente libérateur semble s'être volatilisé en chemin. L'opération est rondement menée – je n'ai pas navigué quatre ans à bord de ce navire sans en avoir appris par cœur les moindres secrets –, et le « vol » des trois cent cinquante mètres carrés de plate-forme ne me pose ni difficulté d'ordre technique, ni cas de conscience.

J'atteins donc La Trinité le lendemain, comptant sur une arrivée discrète mais, par malheur, une vedette des douanes vient à ma rencontre. Je n'en mène pas large, d'autant que je remarque que l'on m'a envoyé le « gros modèle », version intervention ! À l'officier, qui me demande de bien vouloir présenter les documents du bateau, j'entreprends de raconter toute l'histoire... Au fur et à mesure de mon récit, je vois bien que la mine sérieuse et les froncements de sourcils de mon interlocuteur se muent en un discret sourire, le « vol » tournant alors assez clairement à la galéjade ! Mais l'épreuve de force est néanmoins engagée, et j'espère tout de même ne pas me retrouver en prison simplement pour avoir voulu accélérer les choses et être dans les temps au départ de la transat, que je ne veux surtout pas manquer. Deux heures plus tard, le même officier des douanes vient m'annoncer que tout est en ordre, et que je recevrai les documents officiels dès le lendemain.

Il est alors temps de donner un sérieux coup de cravache, la priorité étant de débarrasser le trimaran de son ancien marquage et de le repeindre en blanc. Mission pratiquement impossible – aucun chantier n'accepte de faire le travail avec si peu de délai, et je ne parle même pas du coût de l'opération ! Mon père, qui jusque-là m'avait laissé mener mes petites affaires en toute indépendance, devine alors que le moment est crucial et vient me donner le coup de main salvateur. En plein vent, sous la pluie, nous peignons les deux cents mètres carrés de bordé sur le parking de Saint-Philibert, où une grue a déposé le trimaran. Ces travaux de peinture nous prendront quatre jours, et sans la volonté de fer paternelle, je crois bien que j'aurais attendu le soleil, tant les conditions étaient mauvaises – autant dire, donc, que j'aurais tout simplement abandonné, car aucune trêve n'était prévue sur le front du climat... Et pendant que nous nous escrimons sur la plate-forme, le garde-champêtre vient chaque jour nous intimer l'ordre de débarrasser la magnifique surface communale goudronnée de nos vilaines traces, ceci dans les plus brefs délais. Papa réussit cependant, grâce à quelques compliments bien tournés, à transformer ce cerbère en allié – et, toujours facétieux malgré la fatigue, il repeint en noir les taches de peinture qui jurent sur le beau parking !

J'ai eu la chance d'avoir un père extraordinaire, au caractère passionné et aux raisonnements parfois imprévisibles. Un livre ne suffirait pas à relater sa vie, mais une anecdote qui me revient en mémoire me paraît tout à fait significative... J'avais vingt ans, et faisais mes premières armes de skipper sur un bateau en bois moulé. Papa était venu me rejoindre et découvrit la navigation à cette occasion. Arrivés à Belle-Île, nous avions mouillé tout au fond de la crique de Locmaria, et échoué en haut de la grève. Un vieux pêcheur était alors venu nous interpeller, nous mettant en garde : « Si vous restez là, demain, vous ne pourrez plus repartir. » J'avais consulté une fois de plus les hauteurs de marée, qui m'avaient bien confirmé que la mer devait être plus haute de vingt centimètres le lendemain. Sûr de moi, je n'avais donc pas bougé... mais au matin, impossible de déplacer le bateau, faute d'eau ! Ma jeunesse ignorait l'importance de la pression atmosphérique sur les hauteurs d'eau ! Nous sommes restés bloqués trois jours, par un mauvais vent d'est qui levait un tel clapot que la coque en était pilonnée. Mais malgré cette mésaventure, mon père me dit avec conviction : « Tu as eu raison de ne pas écouter ce pêcheur... dans la vie, il ne faut écouter personne. » Un conseil paradoxal, car le suivre au pied de la lettre m'aurait alors conduit à ne pas le prendre en compte ! Notre retour de Belle-Île se fit, lui, par beau temps, et mon père resta sur l'idée qu'il était beaucoup plus intéressant de se battre pour sortir un bateau d'une mauvaise passe, plutôt que de le laisser filer sous un beau ciel bleu et sur une mer plate.

Une façon de voir les choses qui lui aurait facilité la vie s'il avait décidé d'être lui-même coureur océanique, tant ce parcours est semé d'embûches et constellé d'une foule de problèmes à résoudre... l'épisode du chantier de peinture improvisé n'en étant qu'un exemple ! Car nos machines sont aussi exigeantes à terre qu'en mer, et réclament toute l'énergie que l'on peut leur consacrer. Courir à bord de ces bateaux demande endurance et persévérance, et apprend l'humilité face à la mer qui, parfois, acceptera de vous laisser passer et, à d'autres occasions, vous barrera la route. Chaque course est un saut dans l'inconnu : dans les jours qui suivent le départ, le pire comme le meilleur peut arriver. On peut avoir le bonheur de gagner, mais aussi tout perdre, et quelquefois être très simplement content de revenir en vie. La mer, ce n'est jamais deux fois la même chose, et si j'ai fait trois cents fois le tour de l'île aux Moines en catamaran de sport pour l'entraînement quotidien, je n'ai jamais eu deux fois les mêmes conditions ; vents, courants, vagues et lumières n'ont jamais été semblables, et il en est de même au large. Plus qu'un espace de régate, c'est un monde avec lequel il faut composer, l'expérience de chaque mille parcouru constituant à elle seule un patrimoine inestimable...

Voir plus loin...

L'idée de faire le tour du monde en solitaire en multicoque s'est imposée comme une suite naturelle à toutes les expériences précédentes... L'inflation galopante sur le circuit des soixante pieds, ainsi que mon envie de me frotter au Grand Sud, ont fait le reste. Sans dimension aventureuse, la compétition n'a jamais eu l'attrait qu'exercent sur moi les grands voyages, initiatiques ou pas ! Pour autant, l'idée d'une promenade bucolique ne suffit pas à contenter mon appétit de vitesse et de longues glissades : l'univers des records importants réunit ces deux facteurs, et c'est avec l'impression assez nette de donner corps à un projet maintes fois esquissé que je décide de me lancer dans le grand bain... Les temps de référence d'Olivier de Kersauson sur *Un Autre Regard* en cent vingt-cinq jours (circumnavigation en multicoque, en solitaire) et de Michel Desjoyeaux sur *PRB* en quatre-vingt-treize jours (record absolu en solitaire, établi lors du Vendée Globe 2000) sont deux objectifs concrets, qui me permettent de proposer le projet à mes partenaires.

Mais il faut aussi trouver le bateau adapté : mon fidèle *Eure & Loir-Lorénove* pourrait être réparé et remâté pour cette occasion, mais ce type d'engin n'aime pas le mauvais temps au portant, et le risque de chavirage serait trop élevé. Olivier Despaigne, qui a secondé Bruno Peyron lors du premier tour du monde en moins de quatre-vingts jours en équipage, me fait bien comprendre que plus le bateau sera grand moins il chavirera vite ! Néanmoins, la discussion reste ouverte entre catamarans et trimarans : ces derniers tiendront mal la cape* lorsqu'il sera nécessaire de la prendre dans le très mauvais temps, à cause du flotteur au vent qui n'encaisse pas bien les déferlantes. Quant aux catamarans, ils ne sont pas mieux lotis car le barreur doit rester en permanence à son poste quand il fait mauvais, ce qui n'est pas possible en solitaire. Bruno Peyron et ses hommes avaient eux-mêmes failli chavirer à l'approche du cap Horn lorsqu'il avait fallu quitter la cape et empanner* pour ne pas attaquer la cordillère des Andes. Un chavirage à cet endroit aurait été désastreux, et cette partie de roulette russe avait laissé un souvenir impérissable à l'équipage ! Ce récit, pour inquiétant qu'il soit, n'a fait que renforcer mon désir d'aller sentir souffler sur ma nuque les mers du Sud, d'aller goûter à l'hostilité sauvage des hautes latitudes... L'anecdote, ajoutée aux évocations de houles de dix mètres et de longs surfs rapportées par les équipiers d'Olivier de Kersauson, attise mon désir de partir et me donne également une bonne piste au sujet de la monture à convoiter. Car *Sport Elec*, à bord duquel Olivier de Kersauson et ses hommes avaient conquis le trophée Jules Verne en 1997 au terme de soixante et onze jours de mer, est actuellement inutilisé et pourrait tout à fait convenir. Machine éprouvée, elle connaît le chemin et a été fiabilisée au cours des diverses tentatives de l'équipage. Rapidement, le rendez-vous est pris pour visiter le trimaran de quatre-vingt-dix pieds qui est au sec à la pointe du Finistère.

C'est un monstre que Virginie et moi découvrons sur le parking de Brest en décembre 2002 : il fait neuf mètres de plus que les trimarans auxquels nous sommes habitués. Didier Ragot, le responsable du bateau, nous fait les honneurs de la visite, mais je suis d'emblée effrayé par les dimensions, la complexité de l'accastillage, et surtout par le mauvais état général du navire. Celui-ci est au sec depuis quelques années, le pont couvert d'une couche noire, les carénages fissurés, les peintures granuleuses, la carène* écaillée. Un coup d'œil à l'intérieur me fait découvrir une installation électrique hors service, un moteur auquel il manque des pièces... La somme de travail à réaliser me paraît insurmontable. Le préparateur parvient à convaincre le marin qu'il y a trop à faire, bien que ce dernier ait vu que les volumes se trouvaient bien placés et que l'accastillage n'était pas si compliqué que cela à modifier et simplifier. Le poids annoncé, à seize tonnes, me fait imaginer des contraintes très importantes sur le gréement et le matériel, donc un risque d'avarie en rapport avec les efforts.

Des années à courir en trimaran de soixante pieds m'ont formé à un certain souci du détail et habitué aux petits « jouets » bien utiles pour la vitesse : safrans de flotteurs, foils, carène parfaite... Ici, rien de tout cela ! On est sans aucun doute plus près de la finition d'un bateau de pêche, après deux décennies de bons et loyaux services en mer d'Irlande ! Bref, je fuis en assurant Virginie que jamais je ne ferai le tour du monde sur ce bateau. À elle, cependant, le bateau a fait bonne impression, malgré son allure rebutante ; et comme l'avenir le dira, la monture s'avérera parfaite.

Un convoyage océanique en multicoque me permet de retrouver le goût du sel et, au retour, je mène de front la construction du projet auprès de mes partenaires et la recherche du bateau idéal. Je m'intéresse à *Commodore Explorer*, qui est en Pologne après avoir couru The Race aux mains de Roman Paszke ; mais si ce bateau semble plus maniable grâce à un poids moindre, sa conception de catamaran sans nacelle centrale le rend quasiment inutilisable en solitaire. Il faut en effet regrouper les winches et les cordages pour pouvoir manœuvrer efficacement et en sécurité... Le passage d'une coque à l'autre à travers quatorze mètres de filet me semble bien risqué, lorsqu'il faut le faire cent fois par jour en étant à la merci d'une vague qui vous fauche les jambes. Sur ce type de plate-forme, si un homme a besoin de se rendre sur l'autre bord, le barreur prend généralement la précaution de ralentir afin qu'il puisse traverser le trampoline en relative sécurité – car un paquet de mer vicieux a tôt fait de fouler, voire de briser une cheville. Mais en solo, pas question d'arrêter le bateau à chaque fois qu'il me faudra aller manœuvrer sur le flotteur opposé. La martingale* aussi m'inquiète... Non qu'on se livre exagérément aux jeux de hasard à bord de *Commodore* – il s'agit en réalité d'un câble qui encaisse les efforts de compression du mât. Il se trouve sous la poutre centrale et heurte chaque crête de vague lorsque le bateau va vite. Il en résulte une gerbe d'eau qui jaillit sous pression sur le filet en arrière du mât. Je renonce donc à cette deuxième possibilité qui était toutefois attrayante, eu égard au bon état du bateau.

Un troisième navire pourrait correspondre à mon programme. Il s'agit d'un catamaran de trente et un mètres, propriété de Tony Bullimore, célèbre skipper anglais qui a passé plusieurs jours enfermé dans son monocoque à la quille rompue lors du Vendée Globe de 1996, et qui a surgi des eaux lorsque des sauveteurs australiens ont pu le rejoindre. Tony est parti en mer en compagnie de quelques Russes qui s'intéressent à son bateau, et ce n'est qu'en avril, à son retour, qu'il me fait savoir que son catamaran serait disponible... Je monte à Bristol en ferry pour le rencontrer et une sympathie réciproque nous permet de nous comprendre lorsque quelques lacunes d'anglais me font buter sur une phrase. Accompagné d'un de ses équipiers portugais, il m'emmène visiter son catamaran tout juste revenu de Jamaïque et amarré au quai des cargos. Il donne une impression de puissance étonnante et a été maintenu en excellent état ; une visite détaillée de la structure du gréement me fait comprendre que Tony s'en occupe en permanence et que rien n'est assez parfait pour ce bateau qui est sa vie. Une nacelle centrale a été mise en place par Peter Blake lorsqu'il a gagné le trophée Jules Verne en 1994, et la transformation du plan de pont pour adaptation à la navigation en solitaire semble minime.

Tout paraît donc parfait, et le prix de location pour une durée de neuf mois est accessible, grâce à un premier contrat de partenariat et à d'autres qui se précisent. Cependant Tony souhaite que son bateau soit assuré, ce qui est bien naturel pour un projet à la part de risque importante. Je remue ciel et terre pour trouver un assureur qui accepte simplement de faire un devis, mais malgré des demandes en Angleterre, en France et en Pologne, aucun n'acceptera. Une tentative d'achat qui contournerait ce problème tourne court, en raison du refus des banques d'accorder les prêts nécessaires. Je suis sur le point d'accepter un convoyage océanique en petit multicoque qui calmerait mon envie de naviguer. Je repense à ces mois perdus en tractations et recherches inutiles et me dis que je n'ai pas été bien courageux : si à l'heure actuelle, j'avais pris le taureau par les cornes et entamé les travaux sur l'ex-*Sport Elec*, ceux-ci seraient bien avancés et chaque jour de travail aurait avancé sa construction. Il est bien plus plaisant de voir un bateau s'embellir en y travaillant avec ses mains que de brasser du vent en envoyant des fax et des mails, ou en passant d'usants coups de téléphone à longueur de journées...

Virginie me soutient dans l'idée de faire une dernière tentative, alors que je suis censé partir en convoyage le lendemain. Brest n'est pas loin, et la rencontre avec Olivier de Kersauson ne dure qu'une heure. Il est d'accord pour me laisser son ancien trimaran à disposition et accepte d'en être l'assureur pendant mon tour du monde pour un prix relativement élevé... J'annule le convoyage prévu, déchire le courrier que je venais de faire à mon partenaire – une missive où je lui expliquais devoir renoncer faute de bateau – et change mon fusil d'épaule !

Tout m'avait déplu à la première visite en décembre, mais c'est maintenant avec les yeux de l'amour que je regarde le grand trimaran jaune. J'imagine que quelques semaines de travail suffiront à le faire revivre et accepte de voir l'essentiel : il n'existe pas de bateau plus adapté pour battre le record autour du monde en solo... Les vingt-sept mètres de pont de la coque centrale, entourés de grands filets, permettent de manœuvrer en sécurité, et les flotteurs, très volumineux, sont un gage de vitesse et de résistance à l'enfournement. Ils sont aussi longs que la coque centrale et leur compartimentation est vraiment bien conçue : en cas d'avarie, l'eau restera confinée. Les deux bras en carbone ont été renforcés et portent la largeur du trimaran à dix-sept mètres. Rien que pour parcourir les quatre cent cinquante mètres carrés de plate-forme, il faut du temps, et il en faudra beaucoup plus pour repeindre cette surface !

Ce trimaran en est déjà à sa sixième cure de jouvence, et son histoire est longue ; issue d'un dessin des architectes Vincent Lauriot-Prévost et Marc Van Peteghem, alors à leurs débuts, sa longueur était de vingt-trois mètres en 1985 lorsqu'il courut sous le nom de *Poulain* puis *Un Autre Regard*. Un bateau démesuré à l'époque, pour lequel le désormais fameux chantier CDK de Port-la-Forêt avait été fondé ! Une refonte majeure interviendra en 1992, avec une section de la coque centrale rapportée par le milieu qui portera la longueur du bateau à vingt-sept mètres, de nouveaux flotteurs de même longueur, et un mât en carbone de trente-deux mètres dont la raideur et la légèreté feront merveille. À son bord, Olivier de Kersauson s'élancera maintes fois à la conquête du tour du monde et s'emparera du record en 1997. Sa performance, soixante et onze jours, tiendra cinq ans et ne sera battue qu'en 2002 par Bruno Peyron. Le trimaran, qui eut de multiples patronymes, est encore en cette fin d'été 2003 dans sa configuration Jules Verne 1997. Sans aucun doute, il s'agit là d'un des multicoques géants ayant accumulé le plus grand nombre de milles...

Les atomes non crochus crépitent tous azimuts entre « O. D. K. » et moi, mais – et cela restera un mystère non élucidé – nous parvenons à un accord, alors qu'avec Tony, pour qui j'ai la plus grande sympathie, cela n'avait pas été possible. Certaines choses ne s'expliquent pas... elles semblent avoir été écrites.

La canicule sévit sur le parking brestois où le goudron fondu rend l'atmosphère brûlante. L'été va y être très chaud, essentiellement consacré à remettre la carène en état, à nettoyer et à repeindre le pont. Si je travaille seul en semaine, j'ai la visite des copains durant les week-ends. Les travaux avancent à bon train dans le bruit du compresseur à peinture et celui, plus irrégulier, des carcasses de voitures écrasées à vingt mètres de là par le récupérateur de métaux local. La fine poussière métallique qui est apportée en permanence par les vents d'est ne simplifie pas les travaux. Lorsque Virginie vient avec les enfants, ceux-ci, à mon grand désappointement, n'ont pas un regard pour le trimaran, mais sont fascinés par l'énorme grue qui saisit les carcasses, les dépose avec précision en haut de la pile et les écrase d'un coup de godet ! Quelques bonnes surprises me permettent de garder le moral pendant cette période. Hervé Devaux, spécialiste des calculs de structure, me confirme que la plate-forme est saine. Il vient en outre m'aider à dresser un bilan global, et me conseille de poser divers renforts ponctuels ou de faire d'autres modifications. Les éléments mécaniques – winches et autres poulies – sont bien dimensionnés et fonctionnent, ce qui est une excellente chose, car remplacer ce matériel indispensable serait fort coûteux. Le mât est en bon état, et un accord avec le fabricant de cordages Glenstein me permet d'en changer les drisses*. Je simplifie au mieux, en remplaçant des pièces métalliques par des estropes* en Spectra*, matériau quasiment indestructible qui permet également de réaliser une économie de poids substantielle. Quant aux voiles, la garde-robe est plutôt étoffée, et certaines me paraissent encore bonnes pour un tour supplémentaire.

Enfin, la fin du mois d'août arrive et nous sanglons le trimaran sous la supervision de Didier Ragot – sûrement la personne qui connaît le mieux le bateau, pour avoir été de tous les tours du monde à son bord et en avoir assuré l'entretien quotidien jusqu'en 2000. Il se coordonne par radio avec la grue géante du port de Brest, qui nous soulève délicatement. Il faut d'abord mettre le safran en place. Pour y parvenir, l'aide de toute l'équipe de *Geronimo*, des copains et de la famille venus pour cette grande occasion n'est pas superflue. La grue circule sur les rails pendant cinq cents mètres avant de mettre le grand trimaran à l'eau dans le port de commerce. Nous devons nous dépêcher de mâter car la mer descend, et après deux heures d'intense activité, nous quittons le quai par beau temps, ce qui facilite cette première prise de contact. Mes copains Christophe Houdet, Fifi, Pierre Bourcier et Alain Quénaon forment l'équipage lors de ce convoyage, qui constitue pour moi une grande découverte. Pour démêler les cent trente mètres de drisse de grand-voile avant de pouvoir la repasser en tête de mât, nous jetons l'ensemble à la mer – tous les cordages du bord, soit quelques kilomètres, doivent également être clarifiés avant que nous puissions procéder à notre premier envoi de voiles.

J'ai l'impression qu'après toutes ces années passées au sec, le grand trimaran trop longtemps délaissé jubile de retrouver son élément. Nous sortons de la rade de Brest, parvenons au raz de Sein où le premier virement de bord se déroule avec aisance... Un empannage plus tard, je constate avec satisfaction que le bateau présente de très bons angles de descente au portant. Après un détour sous le vent de Belle-Île à attendre que le jour se lève, nous entrons à La Trinité, agréablement surpris par cette première prise en main.

Nous nous apercevons qu'il y a cependant beaucoup à faire avant de partir autour du monde : la liste des premières urgences remplit plusieurs pages de cahier... Nous sommes début septembre, un pas important a été franchi mais il me faut désormais avancer sur le front de la préparation technique, ainsi que sur celui du financement du projet... Car des échéances fatidiques se précisent du côté de Brest, port d'attache du propriétaire du navire !

Je reçois la visite de Patrice Lafargue, président de la société IDEC. Il était l'un des principaux partenaires de mon soixante pieds, avec Eure & Loir et Lorénove l'année dernière lors de la Route du Rhum, et mon chavirage ne l'a pas découragé ! Le côté aventureux de ma nouvelle entreprise lui plaît, et une estime réciproque s'est développée au fil des divers contacts que nous avons pu avoir. Cet entrepreneur ne raisonne pas qu'en termes comptables, et il se montre immédiatement réceptif lorsque j'évoque mon grand voyage... Son idée de départ est de prendre en charge le financement à hauteur d'un tiers du budget global, et il vient voir le bateau pour imaginer comment associer son marquage aux deux autres entreprises qui compléteraient le tour de table. Mais la découverte du trimaran géant l'enthousiasme, il se prend de passion pour l'entreprise et me propose alors de sponsoriser l'intégralité du projet : le trimaran arborera une nouvelle livrée rouge, et prendra le nom d'*IDEC* en 2003 et 2004. J'accepte naturellement avec joie, cette nouvelle constituant une sérieuse embellie pour mon horizon financier et administratif ! Les factures du propriétaire vont pouvoir être honorées à temps, et je vais avoir le loisir de me consacrer davantage à l'amélioration du trimaran.

Le fait d'être soutenu par un partenaire sensible à la philosophie aventureuse qui sous-tend mon projet est un réel soulagement, car j'ai pu constater par le passé qu'il ne s'agit pas d'une règle générale, loin s'en faut... Seul petit détail : pour l'heure le bateau est jaune, et il n'est pas possible de ressortir ses seize tonnes de l'eau dans un délai aussi court. Quelques artisans pressentis pour repeindre le monstre à flot se découragent en voyant les conditions dans lesquelles les travaux doivent être réalisés – c'est trop aléatoire et le moindre vent rendrait cette tâche impossible à accomplir. C'est donc avec mon frère Christian que nous allons le faire, l'un tenant le Zodiac le long des flotteurs pendant que l'autre peint. Notre duo fraternel fonctionne à merveille, dans la complémentarité : si je suis d'un naturel brouillon,

Christian est pour sa part très ordonné. Ayant toujours une bonne histoire à raconter, il compense mon côté peu disert, et tempère par son goût du travail bien fait ma tendance à expédier les corvées. Une passion commune pour la nature nous unit également, et rejaillit sur notre façon d'aborder le grand chantier de ravalement d'*IDEC*... Nous nous servons, en effet, d'un pistolet basse pression qui présente l'avantage de ne pas faire voler de peinture, et par conséquent de ne pas salir la mer. Au bout de dix jours, c'est à peine si un léger voile s'est déposé sur le Zodiac, et le trimaran revêt à présent une belle robe rouge brillant... Nous sommes très fiers de nous, et avons l'impression d'avoir abattu le treizième travail d'Hercule, fort aidés par les belles journées que le mois de septembre a bien voulu nous offrir.

Il est temps de larguer les amarres pour effectuer les premières sorties en solitaire, et je mets le cap sur Gijon, au nord de l'Espagne, par un bon vent d'est-nord-est. Le bateau a du mal à dépasser vingt-trois nœuds, car il est encore équipé de son hélice et celle-ci se déplie spontanément, soulevant une gerbe d'eau de trois mètres de hauteur, tout en faisant vibrer le safran. Je prends conscience de la puissance du grand oiseau, qui semble heureux de déplier ses ailes et filer sur la mer. Le vent forcit et m'oblige à affaler le Solent*, pour le remplacer par une trinquette* ; mais cette manœuvre s'avère très difficile car les cent kilos de toile cherchent à passer par-dessus bord, malgré le rempart de la filière avant. L'adoption d'un enrouleur remédiera à ce problème – c'est décidé, même si cela doit encore allonger la liste des préparatifs. Le manque de finesse que je ressens à la barre induit une autre modification : il me faudra changer le safran, car il y a beaucoup de vitesse à prendre en mettant un profil plus fin et plus profond... Le pilote automatique gagnera également beaucoup en efficacité si la barre est plus douce, ce qui se traduira par une consommation électrique en baisse, et une usure moindre. Sans compter qu'un pilote fiable est un gage de sécurité pour le navigateur solitaire, qui peut s'octroyer des moments de repos en pleine confiance.

Le retour au près, après avoir viré le banc Amosucas devant Gijon, me confirme que le bateau préfère le vent portant au vent debout. Le dessin de la carène assez volumineuse en avant de la dérive lui permet de dévaler les vagues sans risquer de se planter dans le bas mais, lorsqu'il faut heurter la surface de l'eau, on voudrait redessiner un joli V à la place du U ! Le trimaran tape, et ses mouvements brusques ne sont pas faits pour rendre le voyage paisible. Quoi qu'il en soit, la coque à géométrie variable n'ayant pas encore été inventée et le tour du monde devant se faire essentiellement au portant, cette forme conviendra néanmoins au programme que je me suis fixé.

IDEC reprend sa place au bout du môle Loïc Caradec, à La Trinité-sur-Mer. Toujours aidé de mon frère, je commence la liste des travaux nécessaires avant le tour du monde... elle me paraît longue comme un jour sans vent. J'espère partir début novembre, et il nous reste moins de deux mois pour en accomplir l'essentiel... Nous simplifions encore le plan de pont en supprimant deux colonnes de moulin à café*, ainsi que des renvois inutiles. Initialement mené par sept hommes d'équipage, *IDEC* prend peu à peu une configuration « solo », bien qu'il ne s'agisse pas – faute de temps – d'une refonte complète du cockpit et de la disposition des manœuvres. Au niveau du gréement, nous ajoutons un peu de quête arrière au mât en raccourcissant les ridoirs* de quelques centimètres. C'est un réglage qui va augmenter la composante ascendante, et soulager les étraves au portant, ce qui devrait rendre les grands surfs sur la longue houle du Grand Sud encore plus aisés... Nous créons un circuit électrique indépendant qui sera alimenté par éolienne, des panneaux solaires et un petit groupe électrogène. Nous mettons en place un second pilote automatique, avec un interrupteur, qui me permet de passer de l'un à l'autre sans lâcher la barre. Les journées s'enchaînent mais sont trop courtes à notre goût. Je forme avec Christian une équipe décidément fort efficace, et en conjuguant judicieusement nos défauts et qualités respectifs, nous parvenons à un degré d'efficacité redoutable : *IDEC* s'améliore chaque jour. Les pluies d'octobre nous poussent à nous réfugier à l'intérieur du trimaran, où le travail ne manque pas non plus. Nous démontons les bannettes et aménagements qui ne servent qu'en équipage, changeons les batteries, installons un détecteur de gaz qui sonnerait en cas de fuite... Peu de concessions seront faites au confort et je privilégie l'efficacité, dans la cabine comme sur le pont.

Un jour de septembre, je vois surgir à bord Gil Carmagnani... Cet artiste du composite, qui avait magnifiquement construit mon cher soixante pieds *Eure & Loir-Lorénove* il y a maintenant près de dix ans, vient d'achever un monocoque de trente mètres en Malaisie, après avoir réalisé un catamaran custom* à Trinidad. Sa présence me semble une chance à saisir, car je dois faire fabriquer le nouveau safran d'*IDEC*, dont Vincent Lauriot-Prévost, co-architecte du grand trimaran, vient de me livrer les plans. Gil accepte immédiatement la mission, et se rend disponible afin que la pièce puisse être greffée au bateau le plus rapidement possible. Par ailleurs, j'ai commandé l'enrouleur de Solent à l'entreprise Profurl, qui se fend d'un magnifique tambour sur mesure, adapté à l'embase* de l'étai*. Un Solent en Spectra et un gennaker* en Kevlar* sont en outre en fabrication à la voilerie Incidences de Brest, qui connaît bien le bateau pour en avoir réalisé toute la garde-robe depuis sa mise à l'eau initiale. Je repartirai avec l'ancienne grand-voile, qui a déjà un tour du monde dans les lattes*, mais la fabrication d'une nouvelle toile prendrait trop de temps et alourdirait le budget de fonctionnement au-delà du raisonnable, celui-ci n'étant pas extensible à loisir...

J'ai choisi, afin de donner les meilleures chances d'aboutir au projet, de présenter un budget minimaliste mais suffisant plutôt que d'imaginer une préparation idéale, mais nécessairement dispendieuse. Cette vision des choses, réaliste pour ne pas dire terre à terre, permet de trouver plus facilement l'adéquation entre un partenaire et un projet. La course au large est un sport bien irrégulièrement loti du point de vue financier : certains navigateurs s'endettent jusqu'au cou, tandis que d'autres sont entourés de grosses équipes au sein desquelles le skipper consacre plus d'énergie à gérer les horaires de ses assistants qu'à penser à ses futures navigations.

Après avoir connu ces deux extrêmes, j'opte pour la solution qui consiste à limiter l'inflation de moyens, et je préfère mettre la main à la pâte plutôt que de m'adjoindre l'aide d'une armada de professionnels. Certes, des hommes de l'art feraient probablement le travail beaucoup mieux que moi, mais cela me couperait des racines de ma passion. De même, pour le matériel je ne cherche pas à tout changer à bord mais essaie d'obtenir un bateau homogène, où rien d'important n'est susceptible de lâcher intempestivement : mes efforts doivent se porter en priorité sur la détection et l'éradication des éventuels « maillons faibles » de la chaîne. Si cette façon de faire a des inconvénients et que certains jours noirs il faut s'épuiser à des tâches ingrates, il y a beaucoup de points positifs : outre l'indépendance du fonctionnement, cela permet de trouver une certaine liberté, dans la mesure où il est possible de gérer son temps sans contingences extérieures, et de l'adapter à la météo, par exemple en gréant les voiles les jours où les conditions de vent s'y prêtent.

Quelques coups de fil me suffisent pour réunir un équipage de copains, et j'ai ainsi la chance de naviguer avec des gens heureux à l'idée de partager quelques heures de passion à bord du trimaran. Nous faisons souvent ces essais en baie de Quiberon et autour de Belle-Île, où mes équipiers improvisés me font partager leurs acquis, tout en affinant leur savoir-faire grâce à cette expérience supplémentaire. Ces sorties sont de vraies bouffées d'oxygène et me donnent l'énergie de continuer la préparation les jours qui suivent. Lors de ces escapades ponctuelles, l'imminence du grand départ se fait plus palpable, et j'ai conscience de l'utilité des efforts que Christian et moi-même fournissons chaque jour. Bientôt, si tout se passe bien, je devrais quitter le port pour une longue parenthèse océanique... Pour l'heure, mes petites navigations à la journée permettent surtout de valider le travail qui a été fait en situation réelle : vérifier que les ris se prennent facilement, que l'enrouleur tourne bien, que l'électronique fonctionne... Au fil des virements et empannages, la liste des choses à faire augmente, ainsi que la qualité de préparation. Nous sommes début novembre et les choses sérieuses approchent : nous démontons en plongée l'hélice et son arbre qui me servent à quitter le quai de manière autonome, ainsi que l'inverseur, les câbles de commande et toutes les pièces inutiles du moteur. Il s'agit d'alléger au maximum la monture, et je ne conserve que ce qui peut servir à fabriquer l'électricité du bord.

Gil a terminé le safran – ou plutôt devrais-je dire qu'il a achevé son œuvre d'art... J'aimais, le soir, passer le voir. Les moustaches en bataille, il me donnait l'impression d'être un créateur inspiré et, incapable de se contenter des plans, pourtant réalisés par les architectes les plus pointus dans ce domaine, ne pouvait s'empêcher de peaufiner le dispositif. Ajoutant un petit renfort à l'avant du profil, pour prévenir l'éventuel cisaillement dû à un bout pris accidentellement dans le gouvernail, imaginant un nouveau système de répartition des efforts sur toute la surface de l'appendice... Cette innovation sera ensuite reprise sur tous les protos de course tant elle est astucieuse ! Gil quitte momentanément son atelier, et vient naviguer une journée à bord d'*IDEC*. Observant dans la houle les mouvements ascendants à l'arrière du bateau qui perturbent le passage de l'eau sur l'ancien safran, il décide d'ajouter deux petites plaques horizontales, appelées « fences », pour empêcher les bulles d'air de circuler sur le bord d'attaque de la nouvelle pièce qu'il est en train d'achever. Pierre Bourcier participe aussi à ces sorties, et se déchaîne à wincher et régler les voiles, après avoir passé sa semaine à résoudre des problèmes informatiques !

Son jeune âge laisse à peine croire qu'il a accumulé autant d'expérience à bord des Class America, des monocoques du Vendée Globe, ou encore des trimarans océaniques. Rien, parmi ce qu'un bateau compte de plus compliqué en termes d'électronique ou d'appareils de navigation, ne semble avoir de secrets pour lui, et ses conseils me sont fort précieux. Ils me permettent de fiabiliser toute l'installation du bord, et surtout de mieux utiliser les ordinateurs, de me ménager des solutions de secours lorsque mes procédures sont défaillantes. Son enthousiasme est contagieux, et il parvient même à éveiller mon intérêt vis-à-vis de l'informatique, ma tendance naturelle étant plutôt de détraquer toute machine qui se trouve dans mon périmètre. À La Trinité, nombreux sont les artisans habitués à travailler avec les plaisanciers ou les coureurs, et il n'est pas rare que je fasse appel à leurs compétences lorsqu'il s'agit de modifier une voile, de tourner de nouveaux axes, ou d'intervenir au niveau mécanique.

L'intensité de ces préparatifs me laisse peu de temps pour m'inquiéter des risques liés à cette tentative de tour du monde ; cependant, il ne faut pas seulement améliorer les performances du bateau, je dois aussi penser à en accroître la sécurité : je ferai par exemple modifier le balcon avant, afin de pouvoir manipuler les gennakers sans risquer de tomber à l'eau. Je remarque qu'il faut également ajouter de la hauteur aux filières arrière, car je me trouve très exposé lorsqu'il s'agit de revenir du pied de mât au cockpit par mauvais temps, ou de prendre des ris dans la grand-voile. J'évite de trop penser à ces risques autrement que d'un point de vue purement pragmatique, mais l'échéance du départ approche, et les journalistes venus de Paris n'hésitent pas à aborder ce domaine où le non-dit règne en maître absolu... Sans succès toutefois !

Les choses dont on ne parle pas existent moins que celles qui sont exprimées – il n'empêche que le doute et la peur de l'inconnu sont bien là. Mon récent échec à la Route du Rhum est trop frais pour oublier qu'il suffit de quelques secondes pour que tout bascule. Je ne connais pas encore très bien le bateau, quel comportement aura-t-il dans le vrai mauvais temps ? Le chavirage dans le Grand Sud est à proscrire, car l'eau y est glacée et tout secours impossible. Surtout, les hautes latitudes, longue houle et icebergs compris, me sont totalement étrangères. Les concurrents du Vendée Globe peuvent espérer l'assistance des autres coureurs en cas de gros pépin, alors que là, il n'y aura personne devant, personne derrière. Seul. À bord comme sur l'eau, je sais que je n'aurai pas droit à l'erreur, et la question me taraude fréquemment : vais-je y arriver ? J'ai beau tenter de taire ces appréhensions, afin qu'elles ne prennent pas trop d'ampleur, la conscience du danger me paraît par instants salutaire. Je ne m'en ouvre pas à mes proches, pour ne pas les inquiéter, mais je ne sens pas chez eux de véritable angoisse... Peut-être parviennent-ils tout simplement à la dissimuler ?

Je m'aperçois que, comme sur de nombreux bateaux de course, les compartiments étanches qui équipaient *IDEC* à l'origine ont été percés, au fil des années, afin de laisser le passage à divers câbles du circuit électrique. En un mot, ces caissons destinés à garantir une flottabilité à la plate-forme ne remplissent plus correctement leur office, l'eau pouvant y pénétrer. Lors du chavirage d'*Eure & Loir-Lorénove*, je n'avais pu que constater que la lente montée des eaux avait été facilitée, entre autres choses, par des orifices du même acabit. À l'aide de mastic silicone, je m'emploie donc à recréer au maximum l'étanchéité entre les cloisons. Dans la série « mieux vaut prévenir que guérir », je modifie également le poste de veille à l'aide de contreplaqué, pour pouvoir y dormir tout en gardant les écoutes à la main lorsque les conditions seront propices au chavirage. Ma couchette improvisée prend place au-dessus de la descente, en cet endroit baptisé *dog house* – littéralement, la « niche »... Tout ce qui est fait pour améliorer la sécurité contribue aussi à la vitesse du bateau, car plus la monture m'inspirera confiance, plus je serai à même de l'exploiter sans arrière-pensée.

L'échéance fatidique du départ se précise avec la visite d'un représentant du WSSRC (World Sailing Speed Record Council), organisme basé en Angleterre qui centralise et officialise les records de vitesse à la voile, aussi bien autour du monde que sur cinq cents mètres. L'émissaire de cette institution est chargé de vérifier que mon bateau est conforme aux règles du jeu, qu'il ne dispose pas de propulsion autre que le vent, ni d'énergie autre que celle générée par les bras de son skipper pour la manœuvre des voiles. Tout est en ordre, j'obtiens le feu vert de cette autorité – il me suffira de les prévenir la veille, pour qu'un observateur note le chrono du départ au phare du Petit Minou, situé à la sortie de la rade de Brest. C'est en effet la ligne historique pour les tentatives en solitaire, alors que celles qui se font en équipage partent du nord de l'île d'Ouessant. La distance à parcourir est la même pour tout le monde, mais puisque c'est la tradition, je ne m'y soustrairai pas...

Le 15 novembre, date à laquelle je souhaitais être prêt à m'élancer, approche à grands pas et visiblement, je ne tiendrai pas ce délai... Pourquoi partir si tôt en saison, alors que les équipages prétendant au trophée Jules Verne n'envisagent pas de quitter Brest avant la mi-janvier ? Le choix est en réalité conditionné par le fait que je serai seul à bord... Car plus l'été austral avance, plus les dépressions circulent au sud et permettent un trajet court autour de l'Antarctique. Mais dans cette configuration, la banquise aura eu le temps de se disloquer, égrenant ses blocs de glace qui imposent une veille constante sur le pont. Impossible en solo ! Et une navigation à l'aveugle dans ces parages hostiles s'apparenterait à une partie de roulette russe.

Jean-Luc Van Den Heede, parti il y a huit jours pour son tour du monde contre vents et courants dominants, a tenu ce même raisonnement : il a lui aussi cherché à privilégier la sécurité qu'apporte une banquise encore relativement compacte. Ce marin tenace, dont c'est la quatrième tentative, m'impressionne, car sa volonté semble n'avoir pas fléchi malgré les revers de fortune... Après avoir échoué trois fois, sur un parcours aussi peu indulgent, bien d'autres auraient jeté l'éponge ! Je suis donc sa progression, alors qu'il descend l'Atlantique, et aspire à prendre moi aussi le chemin des hautes latitudes. Mais plus prosaïquement, la liste des travaux restant à effectuer s'étale encore sur trois bonnes pages. Il nous faut surtout installer le nouveau safran, ce qui n'est pas une mince affaire dans la mesure où le trimaran ne pourra pas être mis au sec pour faciliter l'opération. Je devrai plonger pour mener cette tâche à bien, mais la complexité du système de paliers sur lesquels pivote le gouvernail ne me rend pas les choses aisées... Malgré tout, et au terme d'une bonne journée passée dans la graisse pour étanchéifier l'ensemble, *IDEC* aura un beau safran tout neuf...

Je ne suis pas le seul à trouver que les journées sont trop courtes, et Virginie, qui a pris en charge la pharmacie du bord avec l'aide du docteur Jean-Yves Chauve, a également pour mission d'assurer l'avitaillement du trimaran. Ce qui signifie réunir quatre-vingt-dix jours de nourriture, les trier et les ranger, le tout en assurant la vie familiale quotidienne. Certains produits sont bien connus par les marins au long cours, beurre en boîte, yaourts longue conservation, pain précuit qui dure soixante jours, mets lyophilisés et plats cuisinés en barquette – mais ces « spécialités » ne fleurissent pas sur les rayons du supermarché du coin. Virginie doit donc dénicher les fournisseurs adéquats et les coordonner pour que les livraisons soient faites avant le départ. Xavier Dagaut, équipier qui s'est spécialisé dans ce domaine, nous fait bénéficier de son carnet d'adresses et découvrir de nouveaux produits. Lors de son périple autour du monde à bord du maxi-catamaran *Innovation Explorer* dans le cadre de The Race, il s'était déjà occupé de cet aspect crucial – la nourriture en mer étant le nerf de la guerre !

Cette intense activité ne suffit pas à occulter le fait que l'appréhension monte à mesure que le départ approche. Nous en avons connu beaucoup d'autres, notamment pour les trajets transatlantiques, mais celui-ci est différent, démesuré... S'il est vrai qu'un tour du monde n'est jamais anodin, l'entreprendre seul à bord d'un monstre conçu pour être mené en équipage ajoute un peu de piquant, pour le moins. Une fois de plus, nous tâchons de ne pas nous appesantir sur le sujet, mais personne n'est dupe. Et l'attention toute particulière que je porte désormais aux conditions météo ne fait que souligner l'imminence du grand saut. Une seule question reste maintenant en suspens : quand ? Une zone de calme est établie sur la Bretagne, avec du vent de sud à sa droite et de nord à sa gauche... sachant que parmi les diverses prévisions que je consulte, aucune ne concorde. Il ne me reste qu'à parier sur un flux de nord à la pointe de la Bretagne, pour avoir la chance de faire de belles descentes : le couloir de vent peut aller assez loin, mais il semble très étroit. Cependant, Gil Carmagnani, qui passe me voir à la maison, me dit que du moment qu'il fait au moins la largeur du bateau, ça ira...

La décision finale reste toutefois d'autant plus difficile à prendre que le trimaran n'est pas vraiment prêt. Et si j'ai devant moi une possible fenêtre, j'avoue qu'à cette ombre au tableau s'ajoute celle de mes obligations vis-à-vis des médias. Pour bien faire, il aurait fallu prévenir trois ou quatre jours à l'avance, afin que la couverture de mon départ soit optimale et génère de vraies retombées pour mon partenaire. Je décide donc d'appeler directement Patrice Lafargue, et de lui exposer la situation sans détour. Très réceptif et comprenant parfaitement mes impératifs, il n'hésite pas un instant et me dit que si le moment est venu, alors il faut que j'y aille, tout simplement. Ce blanc-seing achève de renforcer ma détermination. Cette fois, la machine est lancée.

Vendredi 21 novembre 2003

Nous finissons de mettre à bord les dernières caisses contenant l'avitaillement, et dans l'après-midi, il est temps de larguer les amarres sous un ciel gris et humide, sans vent. Une journée de novembre blafarde, où le temps plus maussade que franchement hostile a eu raison des rares promeneurs qui déambulent parfois encore sur les quais à cette saison. Mon départ n'en sera que plus intimiste, ce qui n'est pas forcément pour me déplaire, mais les adieux s'avèrent – c'était prévisible – bien tristes... Ma famille et quelques amis sont là, alors que la vedette du port de La Trinité remorque doucement *IDEC* en direction du large. Mon cœur se serre au fur et à mesure que les silhouettes de Virginie, de Corentin et de Damien, nos enfants, s'amenuisent et disparaissent au loin... Christian reste à bord avec moi jusqu'à Brest, où j'ai prévu de couper la ligne de départ le lendemain vers neuf heures, de manière à bénéficier du courant de marée.

C'est une nuit froide et pluvieuse qui nous attend. Le

flux est très perturbé, mais s'oriente au nord petit à petit, et l'espoir d'avoir fait le bon choix me réconforte, le centre dépressionnaire restant sagement du bon côté. Nous nous mettons à la cape pendant une heure devant Camaret, afin d'attendre le lever du jour, qui va de pair avec le renforcement attendu de ce vent de nord. *IDEC* embouque* le goulet de Brest, et Christian va bientôt débarquer sur la vedette de Patrice Lafargue, venu assister au départ. D'ici une poignée de minutes, je me retrouverai seul, pour, je l'espère, pas plus de quatre-vingt-dix jours. Le clapot qui agite ce matin l'entrée de la rade rend le transbordement de mon frère délicat, mais il atterrit sans dommage sur le pont de la vedette... et c'est une ultime coupure d'avec les miens, la seconde séparation que je dois vivre en moins de vingt-quatre heures.

Il me faut maintenant passer en « mode course », aussi je m'empresse d'envoyer le Solent, alors que le trimaran prend progressivement de la vitesse, profitant de la puissance de sa grand-voile haute. Plein travers*, à vingt-cinq nœuds, je file vers l'ouest et coupe la ligne de départ, matérialisée par le phare du Petit Minou et la bouée des Fillettes. Le chrono est lancé, et déjà j'ai perdu de vue les vedettes accompagnatrices, qui ne peuvent suivre le rythme imposé par mon coursier dans cette houle. Houle qui s'amplifie d'ailleurs rapidement, une fois l'archipel de Molène laissé dans le sillage. Puis c'est au tour des pointes du Toulinguet et de Saint-Mathieu de s'estomper, sur fond de ciel gris. Je mets le cap sur le large de la chaussée de Sein, où je croise quelques caseyeurs en pêche. Peu à peu, je laisse la Bretagne derrière moi, pour un petit bout de temps...

Et tandis que la mer se creuse, le courant de marée venant briser la crête des vagues, je prends conscience que me voilà parti pour quelques heures, quelques mois, pour le meilleur ou pour le pire, pour l'inconnu en tout cas ! Le vent est bon et permet de faire route au sud-ouest vers le cap Finisterre – le golfe de Gascogne a mauvaise réputation et il ne faut pas y traîner, surtout lorsque les tempêtes d'automne, fréquentes en cette partie de l'Atlantique Nord, peuvent y débouler sans crier gare.

Je fais marcher le bateau au maximum de ses possibilités, et me faufile entre les cargos, nombreux à la sortie de la Manche et aux abords de la pointe de l'Espagne... La visibilité est mauvaise, mais le radar relié à une puissante alarme va m'aider à les éviter. Le cap Finisterre sera doublé dans la nuit, et la descente se poursuit à bonne allure, ma vitesse ne passant pas sous la barre des vingt nœuds. Il y a toujours un cargo à surveiller ou une manœuvre à faire, et il m'est pour l'instant impossible de dormir, ne serait-ce qu'un instant... Je vis les premières heures de ce tour du monde au rythme d'une transat. Vivement le grand large et sa liberté ! Car la proximité des côtes, loin d'être rassurante, est une source de danger permanent. Vivement aussi les courtes nuits du Grand Sud ; les quatorze heures d'obscurité – saison oblige – sous nos latitudes semblent interminables...

2

LE GRAND SAUT

23-27 novembre – du deuxième au cinquième jour

Le vent du nord forcit encore, et je découvre la puissance d'*IDEC*, qui laboure littéralement la mer et part au surf à vingt-huit nœuds sur les crêtes de vagues... Quelle différence avec les trimarans de soixante pieds, qui ont un petit sillage, à peine marqué à la surface de la mer, et se comportent comme des mouettes effleurant l'eau du bout de leurs ailes ! Là, c'est un remous énorme, une traînée d'écume blanche qui suit le bateau sur plus de cent mètres, et tient plus du sillage de remorqueur qu'autre chose ! Les seize tonnes du navire se font sentir, et si elles sont parfois fort utiles pour descendre les vagues, il faut bien à un moment ou à un autre remonter la pente. Malgré mes appréhensions quant au poids de l'engin, je note avec satisfaction que le ralentissement n'a rien d'excessif. Mais je sais que les prochaines vingt-quatre heures vont s'avérer musclées, car une dépression doit passer dans mon sud, signifiant pour moi des vents portants de force 8 à 9...

Je suis pour l'heure contraint de « tricoter » au vent arrière, ce qui n'est ni très rapide ni très confortable, mais cela me permet de faire route sans que le bateau ne tape trop. La vraie bonne surprise vient du nouveau safran, qui confère à la barre une douceur étonnante. Dans les grains, lors des départs au surf, le trimaran reste facile à mener et j'en suis fort reconnaissant au concepteur, Vincent Lauriot-Prévost, et au constructeur de cet appendice, Gil Carmagnani !

Reste que, ce constat effectué, la mer grossit d'heure en heure et l'anémomètre* dépasse de plus en plus souvent les cinquante nœuds... Mon baptême du feu n'aura pas tardé, et devant moi les crêtes des vagues deviennent de plus en plus raides et déferlantes. J'ai réduit la voilure assez régulièrement, mais avec trois ris et le tourmentin*, je suis encore surtoilé. Le manque de sommeil ne m'aide pas à rester lucide. J'affale le tourmentin, et reste sous grand-voile à trois ris, ce qui n'est pas favorable à l'équilibre du bateau. Nous faisons le gros dos, et je profite de l'abri offert par le poste de veille qui surplombe la descente lorsque j'entends soudain le fracas d'une déferlante – le bateau est pris à son sommet et se met en travers de la vague en un instant, se soulève brutalement sur le côté, et tout le contenu des équipets tribord* se projette au plafond. Je crois revivre le chavirage d'il y a maintenant tout juste un an, survenu presque au même endroit, et j'ai l'impression que mon cœur vient de s'arrêter de battre...

Mais non, cette fois-ci le bateau retombe du bon côté. Je me précipite dehors, et attrape la barre afin de me remettre au vent arrière avant la prochaine vague, ceci autant pour aider le trimaran que pour endiguer ma propre peur... Les séries de vagues, qui vont souvent par trois, se contentent de lancer *IDEC* dans de vertigineux surfs, et je ne tarde pas à embrayer le pilote automatique afin d'aller manœuvrer au pied de mât. J'affale totalement la grand-voile mais, à sec de toile, le grand trimaran file encore à dix-huit nœuds, dans cinquante nœuds établis...

Je suis assailli de doutes sur le comportement du bateau mené en solitaire ; il paraît vital d'éviter désormais les zones de vent trop fort, qui peuvent mettre le pilote automatique en défaut – je ne peux imaginer un chavirage dans le Grand Sud, là où l'eau est à quatre degrés et où aucune assistance n'est possible. Cinq jours de dérive à bord d'*Eure & Loir-Lorénove* m'ont suffi, et je n'ai aucune envie de faire le tour de l'Antarctique dans une cabine submergée ! Après un sommaire rangement de celle-ci, transformée en champ de bataille par le mauvais coup de gîte que je viens de subir, le sommeil est le bienvenu. Demain, lors de la vacation, je me garderai bien de parler de ce quasi-chavirage : le souci de ne pas alarmer mes proches, le ridicule de friser la catastrophe dès le départ alors que le plus dur est devant... autant de facteurs qui m'incitent à ne pas trop en dire. Tout au plus raconterai-je ma nuit passée à sec de toile par force 9-10, une bonne histoire de baston relatée de manière plutôt décontractée ! Ce qui m'autorise également à relativiser, dans la mesure où si je m'abstiens d'être « alarmiste », mes interlocuteurs resteront neutres eux aussi...

Quoi qu'il en soit, il me faut maintenant retrouver un peu de confiance et continuer à avancer au plus vite dans ce vent qui, s'il demeure favorable en direction, a un peu molli. Après avoir envoyé la trinquette et m'être offert une longue séance de démêlage de drisse de grand-voile – celle-ci ayant profité de sa liberté pour s'entortiller dans les aspérités du mât – je peux refaire route sous voiles. La mer continue de déferler en longues crêtes écumantes, mais les pentes sont un peu moins escarpées, et je suis à même d'apprécier la beauté des éléments en colère, maintenant que j'en sens la fin approcher. « Il n'y a rien de plus roboratif qu'un coup de vent auquel on vient d'échapper », disait Patrick Van God – et c'est précisément ce que je ressens à présent.

Les milles défilent avec le vent revenu à force 6 Beaufort. Il faut déjà penser à se positionner pour le passage des Canaries : je me trouve, après environ quatre-vingts heures de mer, à soixante-cinq milles de Lanzarote, ma descente ayant été très rapide ! La petite carte de progression de *Sport Elec*, que je conserve à bord, m'apprend qu'Olivier de Kersauson et son équipage n'avaient quant à eux atteint cet archipel qu'au terme de cinq jours, lors de leur Jules Verne victorieux.

Je reste concentré sur ma stratégie, car certaines îles des Canaries sont très hautes et peuvent masquer le vent sur de longues distances. Il ne s'agirait pas de me laisser couper dans mon bel élan par un positionnement hasardeux... L'an dernier, alors que j'étais en convoyage, j'ai senti les perturbations causées par le sommet de Tenerife alors que je me trouvais à cent milles sous son vent ! Aussi, pour éviter cela, je choisis de passer entre Fuerteventura la bien nommée et Gran Canaria : le passage est large et sain, mais je sais qu'il me faudra garder l'œil ouvert, car de nombreuses embarcations croisent dans ces parages. Je suis vent arrière, il me faut tricoter chaque fois que le vent mollit, j'empanne afin de bien rester dans le flux de nord qui passe entre les reliefs.

Le jour se lève au large des côtes d'Afrique, dont j'essaie de m'éloigner ; toutefois, je ne peux échapper complètement à certaines zones de calme, où la surface de l'eau devient soudain très lisse. Je suis dans un alizé un peu perturbé, le vent disparaissant l'espace d'un quart d'heure, pour faire sa réapparition et relancer le trimaran dont la vitesse oscille entre dix et vingt nœuds... À chaque perte de rythme, je tâche de repartir en jouant du gennaker, et je dois dire qu'*IDEC* se comporte vraiment bien dans ces conditions particulières. Le flux est orienté au nord-est, et ma stratégie pour les prochaines heures sera de tirer un bord vers Nouadhibou et les côtes mauritaniennes, sans toutefois trop me rapprocher de la terre, où le risque de tomber dans une molle est élevé...

J'essaie de faire fonctionner le pilote automatique en suivant la direction du vent, mais la centrale de navigation est désinitialisée, et pour tout reprogrammer, il me faut échanger de nombreux messages avec Pierre. Ce souci me contraint à garder la barre tant que le bateau navigue au portant, car des amorces d'empannage involontaire se font parfois sentir.

Quelques heures de tâtonnement vont être nécessaires pour tout remettre en ordre, et outre l'électronique, d'autres préoccupations d'ordre matériel m'accaparent dès que le trimaran ralentit : il me faut commencer la surveillance qui sera mon lot quotidien tout autour du monde. Ausculter la structure, les points délicats tel le pied de mât, les liaisons entre les bras et la coque, les fixations entre cadènes* et câbles...

Me revient alors en mémoire l'une de nos dernières sorties d'essais en baie de Quiberon, lors de laquelle, après plusieurs heures passées en mer, certains à bord s'inquiétaient de ne plus trouver Gil Carmagnani, qui avait pourtant embarqué avec nous ! Après quelques minutes de recherche, je l'avais découvert à l'intérieur d'une poutre, occupé à écouter la structure afin d'en déceler les éventuelles faiblesses. Sans aller jusqu'à crapahuter de la sorte, je me fais un devoir d'observer une vigilance extrême, conscient du fait qu'avant de penser à gagner quoi que ce soit, il faut d'abord conserver sa monture en état de franchir la ligne d'arrivée. C'est le ragage*, dit-on, qui a tué la marine à voile, et si nos bateaux sont plus récents, il est impératif de mettre des protections aux bons endroits, renforcer les gaines des cordages et coller des assignats d'usure sur les voiles là où cela est nécessaire. Un coup d'œil sur la mèche de safran* me permet de voir qu'elle s'est légèrement dévissée et pourrait tout simplement couler si je ne resserrais pas le palier à temps. Une visite quotidienne de ce compartiment permettra de vérifier ce réglage et de saluer mes deux pilotes automatiques, tout en examinant leurs fixations : j'y accède par un panneau qui donne dans le cockpit, et l'inquiétude m'étreint lorsque, dans la soirée, je trouve cet endroit à demi rempli d'eau... Si le niveau venait à monter davantage, les vérins de pilote, qui ne sont pas étanches, seraient noyés – j'envisage mal de barrer pendant vingt-cinq mille milles. Je m'empresse alors d'écoper, et découvre que toute la partie en arrière de la cloison est pleine d'eau. Ma hâte devient frénésie, car il y a tout de même cinq cents litres à vider... J'identifie rapidement l'origine de la fuite : il s'agit simplement d'un petit boulon de plaque de masse, dont la corrosion a eu raison. Il suffit d'un trou minuscule pour remplir un bateau, et un retard dans l'observation du problème aurait pu me priver de pilote et m'obliger à l'abandon. Cette mésaventure me renforce dans la conviction qu'il est nécessaire d'effectuer de fréquents tours de ronde, afin de ne pas me laisser surprendre par une avarie qui n'aurait pas été traitée à temps. J'ai embarqué tout un « rayon quincaillerie » pour faire face aux petites réparations du bord, les coffres sont pleins de mastics et résines qui ont la propriété de prendre dans l'eau, bien utiles pour affronter ce genre de situation.

Les premières journées ont paru trop courtes pour gérer le quotidien du bateau, et j'essaie d'établir une liste des priorités : la stratégie est la plus importante, et je ne manque sous aucun prétexte les cartes envoyées par Bracknell, via la bande latérale unique (BLU), ainsi que les champs de vent qui arrivent eux sur l'ordinateur via connexion satellite. De deux à quatre fois par jour selon la complexité du système météo dans lequel *IDEC* évolue, je demande des cartes de vents aux serveurs automatiques américains NOAA*, et ils me retournent dans les minutes qui suivent des prévisions de vent à cinq jours. La trajectoire se construit essentiellement à partir de ces données, dont la fiabilité est souvent bonne pour les deux premiers jours, mais de plus en plus aléatoire ensuite.

Ayant fait le choix de me passer d'un routeur à terre, je consacre plusieurs heures par jour à établir une stratégie, cet aspect des choses me paraissant très important par rapport à l'esprit dans lequel j'ai toujours souhaité me lancer dans l'aventure... De la même manière que j'ai prévu d'être le plus autonome possible pour gérer les avaries, je tenais à tracer moi-même ma route – en cas d'erreur, je ne pourrai donc qu'en assumer l'entière responsabilité. Une bévue que l'on fait soi-même permet l'analyse et la progression, alors que le fait d'être victime d'une faute de jugement venue de l'extérieur n'apporte rien, si ce n'est contrariété et amertume. Reste que cette option me demande une concentration intense. Il me faut imaginer le bateau naviguant dans l'espace et le temps à travers les petites flèches qui matérialisent le vent prévu, penser à l'état de la mer qui sera généré par ces vents, ou encore corriger les vitesses annoncées qui sont bien inférieures à la réalité. Cela peut prendre une à deux heures par jour si la situation est simple, mais aussi aller jusqu'à cinq ou six heures de réflexion lorsque les choix sont tordus. Je recrée mentalement ce que j'ai vu sur l'écran pour lever un doute... je dispose d'un logiciel censé faire ce travail de routage, mais celui-ci m'envoie sur des routes suspectes faute de polaires précises, et surtout de souplesse dans le raisonnement. On appelle « polaires » les vitesses atteintes par chaque bateau en fonction de la force et de la direction du vent, et pour enregistrer ces données de façon efficace, il aurait fallu disposer de beaucoup de temps pour les essais en navigation.

Donc, à bord d'*IDEC*, l'essentiel du travail météo se fait par visualisation, et en imaginant le comportement du bateau lorsqu'il sera aux prises avec les conditions annoncées par les prévisionnistes. Ce n'est pas très scientifique, mais avec quelques années d'habitude, cela marche plutôt bien, car cette méthode empirique n'a pas la lourdeur d'un logiciel et permet d'entrevoir des pistes ténues, que les modèles mathématiques n'auraient même pas envisagées. Heureusement, sur la mer comme en météo, il reste une dose d'inconnu non négligeable, qui contribue pour une bonne part au charme de la navigation. L'empirisme y a encore droit de cité et permet de réaliser de belles choses en s'appuyant sur de solides données techniques. Pour l'instant, je subis l'influence d'un temps à grains, et le bateau passe en un instant de huit à vingt-trois nœuds sous les nuages gris, gorgés de pluie. Le froid du départ n'est plus qu'un souvenir, et la température approche d'un mois de mai en Bretagne.

Au cinquième jour, mille huit cents milles ont été parcourus depuis que j'ai coupé la ligne. Le jour se lève en face de la Mauritanie, sur le célèbre banc d'Arguin, où a eu lieu le naufrage de *La Méduse*. C'est également ici que la pêche à la langouste battait son plein jusqu'au début des années 1980, et de nombreux équipages bretons ont écumé les fonds en ces parages. Aujourd'hui encore, une foule de chalutiers est en pêche sur le banc réputé fort poissonneux, et il faut être très vigilant pour les éviter. D'autant que la visibilité est faible, car le vent de l'est, que l'on appelle l'« harmattan », vient de terre et charrie le sable du Sahara. Il y a quelques années, lors d'un convoyage, j'ai fait escale à Nouadhibou, qui n'est qu'à quelques encablures. Le port était encombré d'épaves de navires de pêche coulés, dont seules les superstructures dépassaient de l'eau. Renseignements pris, il s'agissait de bateaux russes ou japonais que l'on avait autorisés à repartir, malgré leur état de délabrement. De nouveau au large, j'avais failli heurter un navire de quarante mètres, qui n'était plus que rouille et dérivait en travers de la houle. En voyant cette muraille d'acier qui me barrait la route, je n'avais eu que le temps de lofer* pour l'éviter de justesse, alors que des pêcheurs asiatiques en haillons regardaient mon voilier approcher et manquer de se fracasser contre leur embarcation.

L'évocation de ce souvenir m'enjoint à ne pas relâcher mon attention. Mais cette région recèle également quelques trésors, et plus près des côtes, le parc national du banc d'Arguin est une réserve naturelle où les pêcheurs imragens vivent en harmonie avec cet extraordinaire vivier de poissons et d'oiseaux. Ils se déplacent à la voile, et ne s'adonnent à la pêche que dans la mesure de leurs besoins, tandis que flamants roses, cormorans, pélicans, hérons, aigrettes, spatules et sternes nidifient sur les îles de sable entre le cap Timiris et le cap Blanc. Les derniers phoques-moines de l'Afrique occupent des grottes dans les falaises de la côte.

Petit à petit, le vent fait sa rotation vers le nord, et un empannage me permet alors de repartir tribord amures* et de m'éloigner rapidement de la côte. Le ciel ensablé fait place à un beau soleil franc sur une mer d'alizés, puissante et régulière. C'est un régal de voir le grand trimaran rouge dévaler les vagues et de relancer les trois étraves d'un mouvement de barre. Des sarabandes de poissons volants les accompagnent, ils se croient attaqués par une carange et tentent de s'enfuir par la voie des airs, pour finir quelquefois par tomber dans les filets du trimaran. Il faut régulièrement « dépoissonner » le pont, autant pour redonner une chance de vie à ces jolies créatures que pour éviter de s'étaler dessus lors des manœuvres. Si l'un d'eux reste caché dans les plis d'un sac à voile, une odeur de conserverie de sardines ne tarde pas à le signaler... C'est qu'il fait bien chaud maintenant et les poissons sur le pont, comme ce qui reste d'avitaillement frais, s'abîment très vite. Mais il y a un souci plus sérieux : je n'ai plus de liaison satellite et ne peux donc plus recevoir les champs de vent, alors qu'il faut déjà prévoir comment passer les îles du Cap-Vert, et par quel bout attaquer le Pot au Noir*.

Enfin, le lendemain tout rentre dans l'ordre, et je passe une journée idyllique sur l'eau, une journée propre à me faire oublier les contrariétés de la veille... Voilà deux nuits que je parviens à m'octroyer un repos décent, les parages étant devenus moins fréquentés, et en ce sixième jour de mer, *IDEC* file ses vingt nœuds sous gennaker.

Grand soleil, je me sens en phase avec le bateau que j'apprends à découvrir peu à peu. Depuis ce matin, je peux réactualiser la stratégie ; c'est très important d'aborder la zone de convergence intertropicale, le fameux Pot au Noir, dans sa partie la plus étroite, et il est temps d'empanner pour se recaler plus à l'ouest. D'après les dernières données que je viens de recevoir, le passage se situerait aux alentours des 23° de longitude ouest, et je devrais attaquer le vif du sujet dans moins de quarante-huit heures, car il me reste six à sept cents milles à couvrir. Depuis mon départ de Brest, j'ai tenu une moyenne de quinze nœuds, mais je m'attends à être un peu ralenti au fur et à mesure de ma descente dans les prochains jours.

29 novembre – septième jour, près des îles du Cap-Vert

Ce matin, c'est le coup de blues habituel de la première semaine écoulée en solitaire ; j'y suis habitué et sais que demain cela ira mieux... Un regard sur la carte aide à surmonter cette petite marée basse morale : il y a quand même deux mille cinq cents milles d'avalés, je suis donc en avance sur le temps de Michel Desjoyeaux. Et même si je ne me bats pas contre la performance de *Sport Elec*, je ne peux m'empêcher de reporter mes positions sur la carte du trophée Jules Verne 1997 – le petit jeu est bien amusant ! Même monture, mais sept marins d'un côté, et un solitaire de l'autre... J'imagine bien que les choses ne vont pas tarder à changer, car je ne pourrai pas tenir le rythme d'un équipage longtemps mais, pour l'heure, cette régate virtuelle est assez motivante. Je vise les quatre-vingt-dix jours de mer pour mon tour du monde, Olivier de Kersauson et ses gars ayant bouclé le leur en soixante et onze jours – c'est naturellement très différent...

Aujourd'hui, le vent est bon, la mer, belle, et il faut juste essayer de réduire un peu mon retard de sommeil pour retrouver un bel optimisme : l'éloignement des côtes et la raréfaction des cargos vont permettre de récupérer. Même si je suis clairement dans ma course, mes pensées s'évadent parfois, et il m'arrive d'oublier momentanément les raisons qui m'ont poussé à larguer les amarres. J'en arrive, une fois de plus, à louvoyer* mentalement vers cette notion vague d'« essentiel », difficile à définir... la sensation est pourtant bien là – finalement, les choses les plus importantes de l'existence ne se comptent pas, pas plus qu'elles ne se pèsent. La navigation en solitaire ouvrirait-elle de nouveaux horizons en termes de capacités d'abstraction ?

Sur un terrain nettement plus concret, lorsque je suis sous gennaker, ça grince beaucoup dans le mât. La flexion de l'espar*, lorsque le trimaran arrive dans le bas de la houle, provoque ces bruits qui me poussent, comme le faisait en son temps Bernard Moitessier, à surveiller très scrupuleusement la mâture et les drisses à l'aide de jumelles, et à en répartir l'usure en choquant ou en reprenant deux centimètres de temps en temps... Le bateau est une vaste caisse de résonance, et c'est par le panneau de pont du flotteur sous le vent que se fait entendre un son qui semble venir des cadènes de hauban* : en remontant à la source de la vibration, je découvre que cela provient bien du haut du mât. Aussi, dès que le vent forcit, je n'hésite pas à repasser sous Solent, voile d'avant plus petite, qui travaille mieux et évite les risques de « distribil »* la nuit. Celle-ci est encore bien longue – treize heures d'obscurité sur vingt-quatre – et les manœuvres se font à la lueur d'une lampe frontale, réglée pour faire juste un faible halo. J'ai démonté les projecteurs dont le bateau était équipé, par souci de simplification du système électrique, mais surtout pour ne pas être ébloui. Il est préférable de se déplacer dans le noir et de garder à l'esprit la présence des vagues autour de soi, la lampe frontale ne servant ponctuellement que pour retrouver un repère sur la drisse, lors d'une prise de ris par exemple, ou pour vérifier que les nombreux cordages en mouvement ne s'emmêlent pas sur la bôme.

J'essaie de me couper de la mer le moins possible, et dans cet esprit, je reste la nuit à l'écoute du bateau, même lorsque je m'accorde un peu de sommeil : le moindre bruit anormal me fait bondir dans le cockpit – et lorsqu'il faut intervenir rapidement, c'est bien souvent que le bateau est trop toilé... L'impératif de vitesse pousse naturellement à conserver beaucoup de surface de voilure et à retarder la réduction mais, en contrepartie, il faut aussi être prêt à agir immédiatement lors des grains : ceux-ci se présentent sous forme de nuages noirs, parfois très étendus, et le vent augmente brutalement quand ils rattrapent le bateau... je ne dispose parfois que de quelques secondes pour choquer les écoutes en urgence et affaler une bonne partie de la grand-voile, ou rouler le gennaker selon le cas. Ces manœuvres, déjà fatigantes lorsque j'ai pu les anticiper et me réserver un laps de temps suffisant pour les exécuter, sont éreintantes dès qu'il s'agit de ne pas perdre une seconde. Mais, je suis bien placé pour le savoir, mener un multicoque tambour battant revient à être régulièrement sur le fil du rasoir, et ne tolère aucune hésitation.

S'ils donnent beaucoup, ces bateaux exigent également énormément ! Je reste donc à poste dans le *dog house*, protégé des embruns, à un mètre des écoutes salvatrices... Je me félicite d'y avoir aménagé une petite couchette pour y dormir en biais avec, à portée de mains, les commandes du pilote, la VHF et les feux de route. Ces derniers fonctionnent la nuit, et si un bateau est en vue, ils l'aident à déterminer ma trajectoire. Un *flash-light* est aussi en service en tête du mât : il se trouve assez haut pour ne pas gêner et s'avère très efficace, car il se voit de loin. Mais aussi vaste que soit la mer, les risques de collision y sont bien plus élevés que l'on ne pourrait le croire – je m'en rends compte une fois de plus cette nuit, en m'apercevant soudain que je suis sur une route de collision avec un cargo, et en changeant de cap pour pouvoir l'éviter... C'est le détecteur de radar qui m'avertit, ce petit appareil se révélant bien utile en solitaire. Sa tâche consiste à repérer, et ce dans un rayon de quelques milles, les radars actifs dont sont – ou devraient être – munis les gros navires de commerce. Devraient, car aussi invraisemblable que cela puisse paraître, certains cargos naviguent sans radar en service ! C'est rarissime, mais il m'arrivera par deux fois d'en croiser pendant ce tour du monde. Il s'agit la plupart du temps de pétroliers, sous pavillon de complaisance, qui n'ont même pas toujours un homme de veille à la passerelle... Le voilier égaré sur leur route est un peu dans la situation d'un lièvre qui traverse une autoroute en essayant d'échapper aux semi-remorques. Sans compter, eu égard à la dangerosité de leur chargement, le risque inconsidéré qu'ils font courir à l'environnement.

30 novembre – huitième jour

J'aborde le Pot au Noir par 22° ouest, et les conditions sont favorables pour un passage rapide, car il est étroit et je ne vais pratiquement pas m'arrêter : le bateau ralentit à cinq nœuds par moments, et le vent tourne au sud-est avec des grains... La houle de sud nous secoue copieusement et me laisse penser que le vent va également venir de cette direction, ce qui sera effectivement le cas quelques heures plus tard. Je dois faire route sous un ciel bien sombre, vers la pointe nord-est de l'Amérique du Sud, à quatre-vingt-dix degrés de la route directe vers Cape Town... Je ne progresse pas vers le but, mais l'essentiel reste de ne pas s'arrêter. C'est tout le charme de la voile, il faut parfois savoir prendre les chemins de traverse, s'éloigner du but pour y parvenir plus vite.

Un appel téléphonique à ma famille me permet de relativiser ces petites difficultés. Au fil des jours, nous avons mis au point une éthique : rester optimiste, et parler le plus possible de choses positives pour s'aider au maximum. Dans cette optique, lors de mes vacations média avec Jocelyn Blériot tous les deux jours, j'essaie de lui parler de ce qui va bien et préfère taire les misères quotidiennes... Se plaindre ne sert à rien, et ne revient la plupart du temps qu'à cristalliser sa propre souffrance, à lui donner plus d'importance que si elle est tue. Jocelyn m'aidera dans cette voie-là, faisant preuve d'une bienveillante neutralité.

1er décembre – neuvième jour, l'équateur

Une première étape est accomplie aujourd'hui avec le franchissement de l'équateur à 16 heures 20 TU*. Trois mille quatre cents milles ont été couverts, à la moyenne de quinze nœuds. Je passe un coup de fil à mon PC pour lui donner mon heure de passage exacte, et avant que je n'aie moi-même eu la possibilité d'effectuer le décompte, l'on m'apprend que je viens d'établir un nouveau temps de référence pour la course en solitaire entre Brest et l'équateur : neuf jours, huit heures et vingt minutes... Le fait est que je n'ai pas molli sur le trajet, mais je suis conscient que la descente de l'Atlantique est l'une des portions « faciles » de mon tour du monde. Il est plus aisé de faire des milles dans l'alizé, par quinze à vingt nœuds de vent, que dans le Grand Sud, avec une mer plus forte et beaucoup plus d'air. Pour cette raison, je ne rechigne pas à la tâche et tente de faire avancer le bateau au maximum, de manière à engranger de l'avance. Le passage de la ligne – mon sixième – s'est fait sous un grand ciel bleu, au près, le bateau passant avec grâce dans les vagues, au milieu d'une nuée de poissons volants.

Cela me fait tout drôle de penser que je viens de parcourir la distance qui correspond à celle d'une traversée océanique, et que je pourrais être sur le point d'arriver, alors que ce n'est que le début du trajet : j'ai l'impression d'avoir quitté mes enfants depuis longtemps déjà et leur raconte une petite histoire... « J'ai eu une grosse inquiétude : en passant dans l'hémisphère Sud, imaginez que la dérive du trimaran se soit prise dans la ligne de l'équateur et l'ait coupée... ce serait un peu comme si l'on avait défait la ficelle principale d'un rôti, qui ne tiendrait plus... Tous les parallèles qui y sont reliés auraient pris du mou et la planète se serait complètement déformée ! C'est pour cela qu'au passage de la ligne, j'ai relevé la dérive, et tout s'est bien passé. » Quoi de plus beau qu'un rire d'enfant qui s'égrène sur la mer...

Stratégiquement parlant, il faut déjà construire mentalement la route qui va me rapprocher du cap de Bonne-Espérance. Tant que le vent reste au sud-est, il n'y a pas d'autre choix que de descendre au sud mais, un peu plus loin, il faudra soit continuer dans cette voie pour rejoindre au plus vite les quarantièmes rugissants et leur ceinture de grands vents d'ouest, soit frôler le centre anticyclonique de Sainte-Hélène pour faire une route plus directe vers la pointe sud-africaine. Cette dernière option ne m'emballe pas, car le centre peut gonfler plus vite que prévu. Le risque d'être scotché en plein vol est réel... Je vais donc sans doute opter pour une route plus longue, ayant en outre – d'après mes données météo – la possibilité d'accrocher une première dépression d'ici environ quatre jours... Je reste tout à fait persuadé d'avoir saisi la bonne fenêtre pour larguer les amarres, et le temps que je viens de réaliser au passage de l'équateur l'atteste. Pour le moment, le vent oscille entre force 3 et force 5, m'obligeant à effectuer de nombreux changements de voiles d'avant. Ce que l'on appelle adopter la toile du temps peut vite s'avérer épuisant, pour peu que le temps en question soit très capricieux... Dès que le vent forcit, il faut abattre* en grand, s'escrimer sur le winch qui sert à rouler le Solent, devenu surdimensionné pour les conditions, puis courir à l'avant, ôter les rabans et hisser la trinquette dont la drisse est en direct (ce qui garantit une montée plus rapide, mais réclame aussi un effort plus intense !) : ses soixante kilos de Spectra peuvent doubler lorsqu'ils sont mouillés par les embruns, mais le winch de mât est bien dimensionné et permet d'en venir à bout rapidement – même si la position de travail qu'il impose n'est pas des plus confortables, car il est vrai que l'ergonomie du plan de pont n'est pas un des points forts du trimaran. La trinquette est difficile à hisser au près car le vent apparent la fait claquer, ce qui peut facilement l'endommager, et son écoute devient un fouet bien dangereux. Le malheureux Bertrand de Broc, lors du Vendée Globe 1993, s'était fait sectionner la langue par une écoute incontrôlable avant de la recoudre lui-même, guidé au téléphone par le docteur Chauve ! Cette mésaventure est depuis restée gravée dans les mémoires...

Le plus petit accident compromettrait mon tour du monde, et chaque geste doit être réfléchi – tant pour économiser mes efforts que pour éviter de me blesser. C'est pour cette raison que, la plupart du temps, je viens au vent arrière pour les changements de voile d'avant, même si cela paraît curieux de faire route à l'envers pendant quelques minutes. Il ne s'agit en réalité que d'une simple question de bon sens, et le peu de temps que je « perds » dans la manœuvre est dérisoire à l'échelle de ma grande aventure ! Certes, je suis en course, mais il me faut aussi déterminer mon rythme en fonction des efforts à fournir – ménager sa monture, mais également le bonhomme, car c'est un duo qui doit passer la ligne d'arrivée !

2-4 décembre – du dizième au douzième jour

La mer a pris une belle couleur bleu turquoise, incitant plus à la rêverie qu'à jouer de la cravache. Fernando de Noronha est à cent quatre-vingt-dix milles par le travers, et mes souvenirs ne peuvent s'empêcher d'errer vers cette île, véritable paradis découvert lors du convoyage retour de la Transat Jacques Vabre, il y a déjà deux ans. Le tourisme y est presque inexistant, et la nature y a conservé toute sa force. Savoir qu'il existe encore ce genre d'îlots préservés permet de conserver espoir quant à la sauvegarde de l'environnement... Mais la compétition ne tarde pas à reprendre ses droits, et les calculs de trajectoire m'attirent irrésistiblement vers la table à cartes. J'aimerais que l'alizé tourne un peu à gauche, ce qui m'éviterait de percuter l'Amérique du Sud... ou, plus probablement, de tirer un contre-bord* ! Cette rotation est censée intervenir sous peu, mais se fait manifestement quelque peu désirer. Pour l'heure, les milles défilent, et je profite de moments précieux, à la faveur de la beauté de ce paysage extraordinairement lumineux, où tout n'est qu'harmonie et silence.

En trimaran de soixante pieds, il était nécessaire de faire tourner le moteur pour produire de l'électricité. À bord d'*IDEC*, converti aux énergies naturelles, je peux écouter le chant de la mer. L'éolienne que j'ai installée avant le départ a le bon goût de rester silencieuse, de ne pas vibrer... bref, de se faire oublier ! C'est magique, je n'ai jamais à l'entretenir, ni à m'en occuper, sauf pour la mettre en travers du vent lorsque les batteries ont atteint leur pleine charge. C'est l'énergie de demain, celle qui ne crée pas d'effet de serre comme le pétrole, qui ne compromet pas l'avenir de l'humanité par accumulation de déchets radioactifs comme le nucléaire. Ce pourrait être l'énergie d'aujourd'hui si nous avions le courage de le décider, de traiter la nature comme notre meilleure alliée, auprès de qui nous souhaitons vivre en bonne intelligence, plutôt que de la considérer comme une vulgaire marchandise à exploiter. La technique pour installer des fermes éoliennes en mer existe, n'est pas plus chère... Il suffit de le vouloir ! Mon frère Christian et moi-même, adolescents, nous étions pris de passion pour la « cause » de la nature, et je me souviens qu'à l'âge où la plupart des garçons passent leur temps à bricoler des mobylettes, nous avions entrepris des travaux de botanique. La nature, notre plus beau terrain de jeu, le support de tous nos rêves, a toujours occupé une place prépondérante dans notre vie. Je me souviens que nous étions abonnés au *Courrier de la baleine*, et que nous lisions parfois d'imposants volumes – plutôt théoriques et parfois assommants, je dois le reconnaître – sur divers aspects des sciences naturelles... Ces préoccupations ne m'ont jamais quitté, et j'ai toujours tenté de mener mes projets proprement, au sens... propre comme au figuré !

Boucler mon tour du monde en utilisant autant que possible les énergies naturelles était donc pour moi une réelle volonté, et j'ai multiplié à bord d'*IDEC* les dispositifs me permettant d'atteindre ce but. Un grand panneau solaire aide, en plus de l'éolienne, à la recharge des batteries en zone tropicale, et me sera très utile dans le Grand Sud, où le jour dure vingt heures. Les nouveaux panneaux solaires, la technologie ne cessant d'évoluer dans ce domaine, fonctionnent même si l'ombre d'une drisse les masque. Lorsqu'il n'y a ni luminosité suffisante ni vent, il faut en revanche, bien évidemment, recourir au groupe électrogène ; mais heureusement, jusqu'ici, j'ai pu en limiter l'utilisation – en dix jours de mer, ma consommation de gasoil n'a pas excédé cinq litres, ce qui reste plutôt réduit.

Mon générateur est trop bruyant et c'est important de pouvoir écouter la mer, le vent, le bateau. Chaque bruit s'interprète en termes de pression sur les coques, ou d'efforts sur le gréement. Même lorsque je suis assoupi, le plus petit changement de tonalité dans la musique – ou parfois le vacarme – du bord me réveille et me pousse sur le pont, prêt à intervenir. Une poulie qui bat, une drisse qui claque, un choc de vague contre les carénages de bras... Autant de signes qui sont bien plus importants que des témoins électroniques, et dont je ne peux me passer... Voilà pourquoi je sais que je n'écouterai guère de musique : j'ai pourtant emporté un lecteur de CD, car j'espérais me détendre lors de quelques moments privilégiés. Mais dès que le bateau va vite, ce qui est souvent le cas, fort heureusement pour moi, depuis le départ, il faut mettre en service l'oreille en guise d'alarme ! À bord des multicoques, certains chocs par mauvais temps peuvent générer des sons mesurés à cent vingt décibels, notait le docteur Jean-Yves Chauve, qui se préoccupe du bon sommeil des marins... On comprend alors aisément qu'il est plus facile de veiller que de se reposer. La question classique : « Comment faites-vous pour dormir aussi peu en course ? » trouve ici une réponse naturelle !

Énergie, stratégie, gestion des efforts... La navigation est une savante alchimie de nombreux facteurs, qui exige un art consommé du compromis et une certaine méfiance envers les « évidences » que les chiffres semblent parfois générer. Un raisonnement prudent en termes purement comptables inciterait à aligner les milles nécessaires chaque jour, et pas un de plus, pour battre le record... Mais il est bien plus passionnant de demander le meilleur au bateau ! Si le vent et l'état de la mer me permettent d'abattre quatre cents milles dans la journée, alors je considère qu'il s'agit presque d'un devoir, et je ne veux surtout pas avoir l'impression d'avoir démérité – car s'il est vrai que je dois respecter et préserver mon grand trimaran, le freiner dans son élan lorsqu'il souhaite allonger la foulée ne serait pas lui faire honneur. Je ne veux pas, sous prétexte de m'octroyer un petit supplément de confort, lever le pied alors que le bateau ne souffre pas. Si les courses océaniques obligent à se battre contre des concurrents, les records, eux, permettent de lutter en accord avec les éléments naturels, qu'il faut appréhender et utiliser au mieux, en tenant compte des efforts subis par le bateau. La vraie satisfaction, au-delà du simple fait de porter un point sur la carte en avant du record précédent, est de se dire : il n'y a pas eu d'erreur aujourd'hui, et la distance parcourue est le reflet d'un sans-faute en météo, en manœuvre, et à la barre. Les cinq jours d'avance sur *PRB* et les deux d'avance sur *Sport Elec* sont un gain théorique, tandis que si le trimaran rouge est au maximum de ses possibilités à chaque instant, c'est un accomplissement. Le point de dix-sept heures nous place au large de Salvador de Bahia, et le vent qui a commencé sa rotation à l'est permet de faire grimper le speedomètre...

Lancé à vingt nœuds, *IDEC* vibre de plaisir, ses étraves ne cherchant plus qu'une chose : plonger au sud, et achever cette belle descente. D'après mes fichiers, aux environs des 28° de latitude sud, je devrais être en mesure d'attraper des vents de nord générés par une petite dépression se formant au large de l'Uruguay. En cette fin de journée, le coucher du soleil est splendide, des cumulus d'alizés sont éclairés par-dessous au moment où l'astre disparaît derrière l'horizon. La mer et le ciel s'embrasent l'espace d'un instant, avant de ne laisser que la silhouette d'un chapelet de nuages. *IDEC* dépasse maintenant les vingt-trois nœuds, dans le vent qui a fraîchi*. La météo prévoit une molle avec l'approche de la dorsale anticyclonique, mais heureusement, la réalité est un peu plus dynamique que les projections – je constate en effet souvent que les champs de vent ont tendance à être en deçà des forces de flux que je rencontre...

Petite conversation téléphonique très sympa avec Jean-Luc Van Den Heede, qui a bien avancé sur sa tentative en solo contre les vents d'ouest : il est encore dans l'Atlantique, mais désormais plus très loin du cap Horn. Je le fais rire en lui affirmant que nous allons nous croiser dans un mois, et qu'*IDEC* est bien la seule « épicerie-quincaillerie » sur sa route, au cas où il aurait besoin de quelque chose ! Il me rappelle le règlement du WSSRC : le prêt du moindre outil ferait basculer le bénéficiaire dans la sous-catégorie « tour du monde avec assistance », et nous ne voulons de cela ni l'un ni l'autre !

C'est vrai que chacun de nos bateaux vit en autarcie... Le vent nous propulse et charge nos batteries grâce à l'éolienne, le pilote barre et maintient le cap. Pour couronner le tout, on a quasiment inventé le mouvement perpétuel avec les dessalinisateurs qui produisent l'eau douce, et les poissons volants qui reconstituent les stocks de provisions dans le filet... Dans sa bulle, le navigateur solitaire se déplace sur l'océan avec son petit monde, et vit à un rythme qui n'est dicté par rien d'autre que les éléments naturels. Ceci d'autant plus que, d'une façon générale, le temps n'a pas la même durée en mer qu'à terre... Au large, il est aisé d'en perdre le fil et de ne plus être capable de savoir la date sans consulter un calendrier... Les jours qui passent ne suffisent plus à constituer un véritable repère et, une fois rentré au port, l'on se souvient de transitions entre diverses zones géographiques, de changements de conditions climatiques – quant à savoir s'il s'agissait d'un mardi ou d'un mercredi... Qu'importe ! Le grand moment de ma journée sera la vision des îles Trinidad et Martin Vaz, à trente milles, peu avant la tombée de la nuit. Leur cône volcanique brisé se découpe sur l'horizon : il n'y a pas que de l'eau sur la planète bleue.

Petite tournée d'inspection habituelle au lever du jour, jeudi 4 décembre, séchage des panneaux solaires qui n'aiment pas être recouverts d'une pellicule de sel, surveillance des poulies et des pilotes, écoute attentive d'un grillon qui chante dans la garrigue... à moins qu'il ne s'agisse d'une bastaque* qui vibre ? Le vent a un peu molli dans la nuit et je suis repassé sous Solent, alors que le tropique du Capricorne est désormais dans mon sillage. La vitesse descend à treize nœuds, et le pont n'étant plus balayé par des paquets de mer, il m'est possible de gréer une petite trinquette sans lattes, plus facile à envoyer quand je serai dans le mauvais temps au portant. La grande trinquette, que je plie avec soin, reprend sa place dans la soute à voiles, qui se trouve dans la coque centrale... Soute dont je ne tarde pas à extraire le grand gennaker, car le vent qui continue à adonner* va me permettre de l'établir* sous peu. Et même s'il n'est jamais aisé d'envoyer trois cents mètres carrés de toile non roulée, avec un peu de méthode et surtout sans précipitation, l'affaire est menée sans encombre. Pour parfaire cette matinée qui a débuté sous le signe des travaux de manutention, j'entreprends ensuite de vider l'eau qui se trouve dans les compartiments avant des flotteurs. Pour éviter que le niveau n'y grimpe trop vite, je tâche d'étanchéifier au mieux les panneaux de pont à l'aide de joint silicone, puis perds beaucoup de temps à essayer – sans succès – d'identifier un grésillement qui semble venir de sous le bateau, au niveau du cockpit. Tout bruit inconnu est source d'anxiété : s'agit-il d'un délaminage ? Impossible d'aller y jeter un coup d'œil pour en avoir le cœur net ; il faudra vivre avec cette question !

Côté météo, un couloir de vent portant entre deux anticyclones permet de laisser espérer un passage rapide vers les grands souffles d'ouest et je m'y engage en toute confiance... après m'être tout de même pas mal interrogé sur la stratégie à suivre : fallait-il, quitte à rallonger ma route, viser une zone de vents plus forts ? J'ai finalement décidé de ne pas changer de cap tant que le flux ne basculerait pas, et aujourd'hui mon choix a l'air de s'avérer judicieux. Je parviens à progresser, même si ma moyenne est descendue aux environs de dix nœuds. Mon éventail de gennakers étant assez vaste, je choisis ma toile en fonction de la houle qui a tendance à faire battre mes grandes voiles d'avant. Quant à ma garde-robe personnelle, elle inclut désormais invariablement un chapeau... M'éloignant de l'équateur, je me rapproche également du soleil, qui culmine vers 23° de latitude sud pendant l'été austral, et il me faut parfaire ma protection : écran total, lunettes et couvre-chef sont donc de rigueur, car il n'est pas question d'attraper un stupide coup de soleil, comme le premier touriste venu ! Je m'en fais néanmoins parfois l'effet, tant par ma tenue que par mes habitudes alimentaires, puisque je « solde » ce qui me reste de vivres frais dans la journée, improvisant d'agréables pique-niques à base de pain, de jambon, de fruits et autres yaourts. Le soir en revanche, je ne déroge pas à mon traditionnel plat de pâtes, avec lequel j'ai rendez-vous chaque jour depuis le départ et qui m'aide à tenir le choc, car mon niveau de dépense physique est assez élevé.

5-6 décembre – treizième et quatorzième jour

La nuit s'est passée sous grand-voile haute, et la centrale de navigation fait des siennes. Ses indications sautent parfois inopinément de vingt degrés, et il faut alors reprendre la barre, le temps de fournir aux instruments un angle de vent apparent qui corresponde à la réalité. Je constate à l'aurore que mon gennaker, la voile la plus grande et la plus fragile du bord, n'a subi aucun dommage, malgré les dévents* dus à la houle, qui sont impossibles à éviter mais bien peu cléments. Le lever du jour est étonnant, avec un ciel où se mêlent les cumulus d'alizés, les cirrus d'altitude et, plus loin au sud, une sombre masse grise, vers laquelle je me dirige. Les journées désormais sont plus longues, et les risques de manœuvres scabreuses en sont diminués d'autant... Il est en effet difficile de rouler trois cent cinquante mètres carrés dans le noir : une poche peut se former dans la toile et tout compromettre, une écoute libérée trop largement peut se glisser sous l'étrave du flotteur sous le vent et obliger à tout affaler pour la récupérer. Les petits soucis du bord ont tous leur solution, mais ils se comptent en heures de manœuvre et l'énergie de l'équipage n'est pas inépuisable... Quelques minutes de sommeil grappillées par-ci par-là dans la journée permettent cependant de récupérer.

J'échange des mails avec Pierre Bourcier, pour essayer d'obtenir une indication de vent apparent fiable et stable sur la centrale de navigation, et il me propose plusieurs procédures pour réinitialiser l'ensemble du dispositif. Grâce à ses conseils, une nette amélioration se produit. J'attache beaucoup d'importance au bon fonctionnement du pilote en mode vent, car au sud de l'Australie je serai très proche du pôle Sud magnétique et le mode compas n'aura plus la précision requise. L'arme absolue en la matière est le compas satellitaire dont Jean-Luc Van Den Heede m'a dit beaucoup de bien, mais c'est un jouet au prix bien trop élevé, aussi n'a-t-il pas trouvé sa place à bord ! Ce nouveau compas intègre deux GPS, qui le rendent totalement insensible au magnétisme terrestre. On s'habitue tellement au positionnement satellitaire que l'on en oublierait presque que le temps de la navigation astronomique n'est pas si loin ! J'ai en mémoire les prises de méridiennes quotidiennes à midi solaire, qui permettaient de se situer en latitude mais aussi de suivre et comprendre les mouvements des planètes. Un sextant est caché à bord en cas de panne de GPS, et je ne serais pas si fâché s'il fallait le ressortir de sa boîte...

Ma plongée vers les hautes latitudes est synonyme de refroidissement progressif, et je suis surpris de la vitesse avec laquelle le changement intervient... La température de la mer, qui se cantonnait à vingt-six degrés jusqu'au

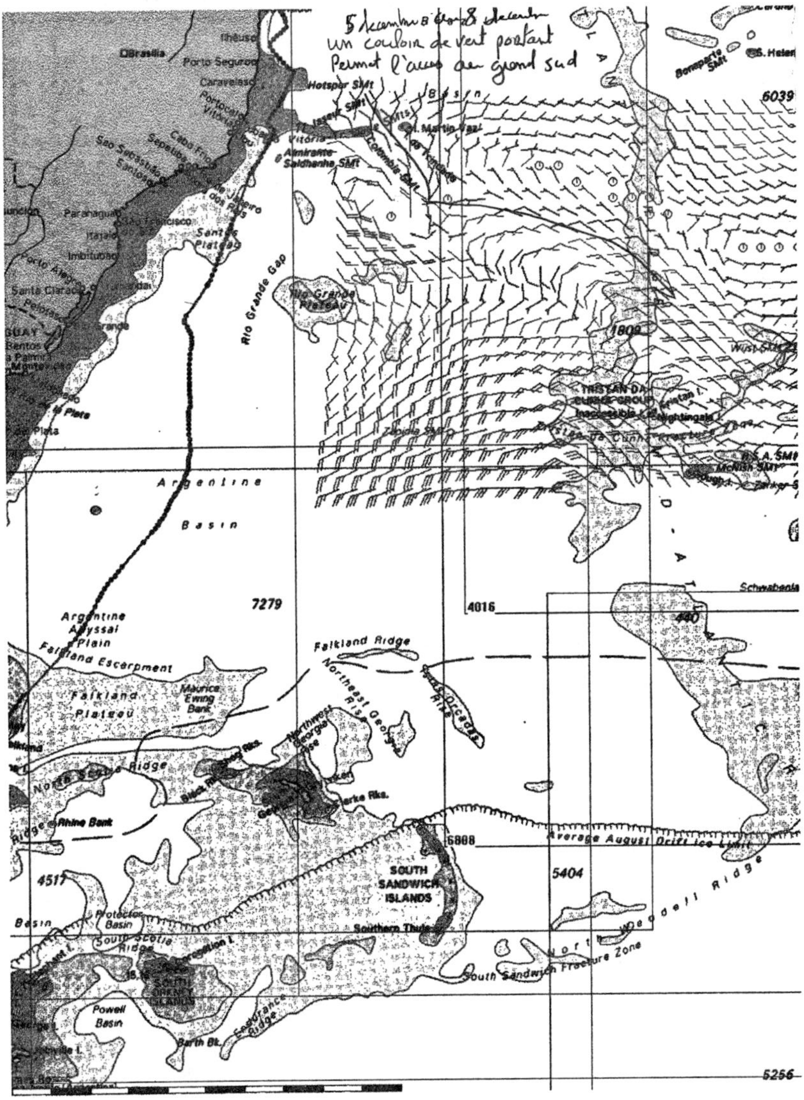

5 décembre 8 décembre
un couloir de vent portant
permet l'accès au grand sud
Brasilia
Porto Seguro
Caravelas
Vitória
Cabo Frio
Sepetiba
Santos
Paranaguá
São Francisco
Itajaí
Imbituba
Porto Alegre
Santa Clara
Pelotas
Hotspur SMt
Vitória
Almirante Saldhanha SMt
Columbia SMt
Martin Vaz
Santos Plateau
Rio Grande Gap
Rio Grande Plateau
Argentine
Basin
Argentine Abyssal Plain
Falkland Escarpment
Falkland Plateau
Maurice Ewing Bank
Falkland Ridge
Northeast Georgia Rise
Northwest Georgia Rise
North Scotia Ridge
Rhine Bank
Clerke Rks.
SOUTH SANDWICH ISLANDS
Southern Thule
Protector Basin
South Scotia Ridge
Powell Basin
Endurance Ridge
Bruce Rise
TRISTAN DA CUNHA GROUP
Inaccessible I.
Nightingale I.
Tristan da Cunha Fracture Zone
Gough I.
McNish SMt
Bonaparte SMt
St. Helena
Schwabenland
Average August Drift Ice Limit
North Weddell Ridge
South Sandwich Fracture Zone
7279
4016
1809
6039
6888
5404
4517
5256

tropique du Capricorne, a baissé à vingt-deux, mais les embruns restent agréables. La présence du Sud se fait sentir, avec un ciel de plus en plus tourmenté et une houle de sud qui freine les glissades d'*IDEC* – je ne parviens pas à faire mieux que trois cent cinquante milles en vingt-quatre heures, ce qui a tendance à me contrarier légèrement. Les conditions de vent auraient dû me permettre de progresser plus que cela, mais la mer n'était pas de cet avis et a perturbé les efforts du bateau pour aller de l'avant.

Ces prémices du Grand Sud sont néanmoins pour moi l'occasion d'intensifier mes tournées d'inspection car je sais que les mers australes ne toléreront pas la moindre faiblesse du matériel. Chaque jour j'ai une pensée amicale pour Gil Carmagnani en vérifiant le jeu du safran et en observant le profil peint en orange fendre l'eau. Il a dû emporter un peu de cette peinture fluorescente au bout de ses moustaches jusqu'à Trinidad, où il lance actuellement une nouvelle construction de multicoque ! Si rien n'est apparemment à signaler du côté des appendices d'*IDEC*, la soirée qui débute est lourde de menaces pour mon petit gennaker : un grain s'annonce et reste au-dessus de nos têtes pendant plusieurs heures, au cours desquelles le vent ne semble néanmoins pas vouloir se renforcer. Peut-être s'agit-il d'un front ? Quoi qu'il en soit, les champs de vent que j'ai consultés n'en faisaient pas état.

7 décembre – quinzième jour

Trois cent soixante-quinze milles ont été parcourus depuis le point d'hier matin, malgré les contrariétés de ce grain qui m'ont forcé à rouler ma toile de portant, que je ne souhaitais pas laisser établie avant d'aller dormir un peu. De plus, la houle de sud avait encore pris un peu d'ampleur... À long terme, les prévisions météo que je compulse aujourd'hui sont en amélioration, et ce qui se présente actuellement comme un petit sentier bien étroit pour rejoindre le Sud pourrait s'élargir, et devenir un vrai chemin. Si les anticyclones restent bien sagement à leur place respective, il se pourrait même qu'un flux d'ouest de force 7 me soit servi sur un plateau d'ici trois jours ! Une fois de plus, la partie s'annonce passionnante en termes de stratégie, et j'accumule les hypothèses... Je jongle avec les vitesses qu'atteindrait *IDEC* en fonction des différentes forces de vent, questionne les théories des modèles mathématiques, et imagine que les centres d'influences se déplacent selon des schémas qu'ils n'ont pas prévus. Il s'agit de déterminer le meilleur cap possible, et l'enjeu est trop important pour se fier aveuglément au raisonnement de machines, si puissantes soient-elles. Malgré tout, je ne peux m'empêcher d'avoir des moments de doute, et prendre seul des décisions qui engagent tout l'avenir du projet se révèle une véritable source de stress.

Dans les instants de faiblesse, j'aimerais bien qu'un routeur me dise où aller... Ces phases sont ponctuelles, et je reste néanmoins persuadé que disposer d'une assistance météo à terre ne m'aurait pas pleinement satisfait. Je parviens en outre à surmonter mes inquiétudes passagères en analysant ma route et ma progression... *IDEC* compte toujours une avance confortable sur les records à battre, et s'offre même encore le luxe d'avoir un bonus de plus de vingt-quatre heures sur *Sport Elec* ! J'ai l'impression que la mer me regarde par-dessus l'épaule, et apprécie que je joue le jeu avec des règles sévères que je me suis moi-même imposées.

Je tiens beaucoup à ce que mon voyage soit l'œuvre

d'un solitaire au sens strict, et mon aventure n'est pas dénuée de certains principes. Voire d'une éthique, car dans un autre domaine, je mets un point d'honneur à ne rien jeter à l'eau qui puisse nuire à la faune marine : plastiques et aluminium sont stockés en sacs poubelles à l'avant, et je ne les débarquerai qu'une fois amarré au ponton, à Brest. Cela répond bien sûr à mon profond désir de sauvegarde du milieu naturel, mais j'ai aussi l'impression naïve d'être à la merci de ce qui m'entoure : peut-être la mer me laissera-t-elle passer si je me comporte bien vis-à-vis d'elle ? Serait-elle une entité douée de raison, d'analyse et de décisions ? Pourrait-elle se venger, pour un détritus jeté négligemment, ou pourrait-elle récompenser une belle action ? Objectivement, ces questions n'appellent bien sûr qu'une réponse disons... rationnellement négative, mais après quelques jours de large, une façon tout autre de voir les choses prend l'ascendant sur le raisonnement froid et cartésien. Contredisant les prévisions scientifiques, un petit vent inattendu vient-il à m'être favorable ? Alors j'ai sans doute fait le geste que la mer attendait de moi, au bon moment. De là à poursuivre cette démarche par une dérive mystique qui me verrait faire des offrandes aux étendues océanes, il n'y a pas loin ! Il est vrai qu'au cours d'escales, lors de précédents voyages, j'ai rencontré les animistes qui peuplent le fleuve Casamance et croient que Dieu est matérialisé par les arbres, l'eau, le ciel ; ou encore les Indiens kunas, qui vivent aussi en harmonie avec îles et lagons sur les côtes panaméennes. Je me suis senti proche d'eux, et si *IDEC* est bien sophistiqué par comparaison à la pirogue monoxyle taillée dans un tronc d'arbre, gréée de quelques bambous et de sacs de jute en guise de voiles, j'essaie de rester au contact des éléments et de m'en montrer respectueux chaque fois que c'est possible.

Brest : 3 février 2004.
72 jours et 22 heures de lutte, de froid, de doutes et de peur, mais aussi de communion avec la mer, de voile pure et absolue, prennent fin en cet instant.

Fin août 2003 : mise à l'eau
de l'ex *Sport Elec* après
un mois de travaux sur le
goudron de Brest surchauffé.

© Christine Milcent

Pour ce tour du monde en solitaire
et cette plongée dans le Grand Sud,
mon choix se porte finalement sur
l'ex *Sport Elec* d'Olivier de Kersauson.
Avec ses 27 mètres, *IDEC* sera le
compagnon idéal de cette aventure.

© Jocelyn Blériot/Mer & Media

© Lénoïc Gravis /Mer & Media

En mer, la vie quotidienne
se partage entre navigation,
manœuvres, barre et repos.

© Jocelyn Blériot/Mer & Media

Coucher de soleil sur l'équateur : 1er décembre, j'ai franchi l'équateur à 16 heures 20 TU et viens d'établir un nouveau temps de référence pour la course en solitaire...

Descente de l'Atlantique. Ma plongée vers les hautes latitudes est synonyme de refroidissement progressif. La présence du Sud se fait sentir.

Un gros poisson volant atterrit sur le pont par - 34° sud, alors que l'eau est à 18 degrés ! Je prends le spécimen en photo pour les enfants. Je suis moi-même assez surpris d'en trouver sous ces latitudes.

12 décembre. Moins de 20 jours après le départ, c'est une véritable récompense de passer le cap de Bonne-Espérance. Les choses sérieuses vont commencer. Hier, *IDEC* a heurté un objet flottant, la dérive était coincée... J'ai écrit dans mon livre de bord : « ... Ce tour du monde peut prendre fin à tout moment. » La peur d'une voie d'eau reste présente ; peur que je ne cherche pas à repousser car elle est garante d'un minimum de prudence.

Le cockpit d'*IDEC* est tout à fait à l'arrière de la coque centrale, et très bas sur l'eau. La meilleure défense contre les vagues qui déferlent au portant est d'aller plus vite qu'elles.

Les albatros de l'Indien seront
mes plus fidèles compagnons
dans les mers australes.

Un après-midi voile dans l'océan Indien :
une petite relance permet au trimaran de
dépasser les 30 nœuds en surfant sur la houle.

Dans le mauvais temps, les sacs de gennakers sont recentrés sur le pont pour ne pas être arrachés des filets.

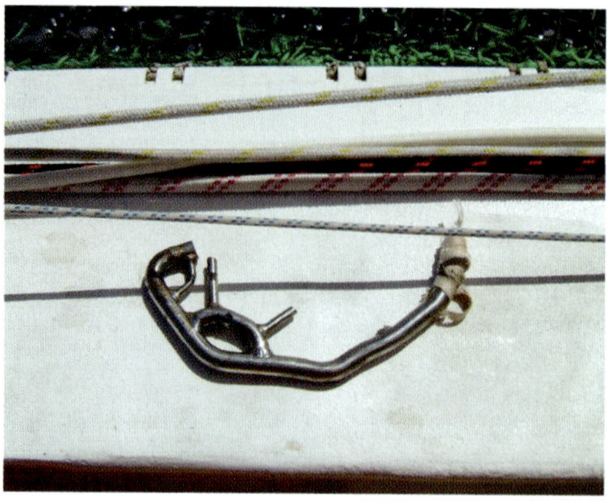

29 décembre. Consternation : les 220 mètres carrés de la grand-voile s'écroulent devant mes yeux. La drisse est restée en tête de mât, et la pièce qui relie le têtière à la poulie est rompue. Monter au mât sera violent : de brusques mouvements de rappel m'en écartent pour m'y projeter à nouveau sans ménagement.

28 décembre. Auckland Island. C'est pour moi une vraie fête de voir la haute silhouette découpée de l'île apparaître devant l'étrave. *IDEC* va quitter la mer de Tasmanie pour entrer dans le vif du Pacifique.

30 et 31 décembre. Je suis en plein centre dépressionnaire. Mon humeur s'en ressent. Premier loupé météo depuis le départ. Je sors un champ de vent toutes les 6 heures. Je m'extirpe enfin de la pétole et, pour fêter l'événement, deux grands cachalots viennent saluer le trimaran rouge...

L'alternance de grains et d'éclaircies dans l'océan Indien incite à d'incessantes manœuvres, lorsque le vent est au sud-ouest.

Approche du cap Horn. L'Amérique latine est pareille à une montagne pointue dont le sommet serait le cap Horn. Le froid augmente, le risque de mauvais temps aussi. J'irai à fond pour en finir le plus vite possible avec le Pacifique.

Au fur et à mesure de
l'approche, le levant précise
la beauté de ce paysage
extraordinaire, figé hors
du temps, alors qu'une masse
sombre grandit devant l'étrave.
Impossible de se tromper :
le cap Horn est là.

Seulement 24 heures après mon passage du Horn,
je n'apercevrai pas Trinidad-Martin-Vaz. L'horizon sera donc fait des couleurs de la mer et du ciel jusqu'à la pointe du Finistère...

La lumière est de plus en plus belle et la température se fait douce à l'est du Rio de la Plata, par 38° Sud.

Malgré des bricolages à base de cordages, le Solent permet encore de serrer le vent lors de la remontée de l'Atlantique.

Les deux mascottes du bord m'ont été prêtées par les enfants de l'école de Locmariaquer, le temps du tour du monde : un petit lion et le Marsupilami, grand défenseur de la forêt amazonienne.

24 janvier. Alors que le Pot au Noir se rapproche, le ciel, qui était pluvieux depuis une semaine, s'éclaircit... tout le contraire des conditions normales.

La transition entre le domaine de l'alizé et celui des vents d'ouest n'est jamais facile à négocier, mais au crépuscule, les doutes font place à la contemplation.

Mais cette attention de tous les instants me permet aussi, comme c'est le cas précisément maintenant, d'anticiper : les vents d'ouest ne sont plus très loin, je prépare donc le matériel *ad hoc*. Profitant d'une paresse passagère d'Éole, j'extrais le gennaker déchiré de la soute à voiles, pour le renvoyer au vent arrière et le rouler proprement, avant de le ranger à nouveau, prêt à servir... Il occupe désormais beaucoup moins d'espace, et sera bien plus facile à établir la prochaine fois que les conditions me permettront de le gréer. Je réinitialise aussi mon second pilote automatique, car je me suis laissé surprendre par le niveau de batterie trop bas qui lui a fait perdre tous ses repères. Il faut rentrer une par une toutes les informations nécessaires à son calibrage : latitude, vitesse moyenne, type de vérin, etc. J'achève ma journée de labeur en l'agrémentant d'une courte séance de manœuvre sur le pont, puis d'une petite heure de dessalinisateur, qui me fournit mes cinq litres quotidiens d'eau douce, quantité nécessaire à la boisson, au rinçage de l'équipage et à la cuisson du copieux plat de spaghettis quotidien...

8 décembre – seizième jour

Ma route s'incurve régulièrement en direction du cap de Bonne-Espérance, dont je suis ce matin à mille sept cents milles, et par 33° sud, je peux mettre le cap à 110°. Le point du matin me gratifie de quatre cents milles parcourus depuis hier, cinq mille cinq cents ayant été avalés depuis mon départ de Brest le 22 novembre. Les journées ne cessent de s'étirer, et je jouis en ce moment de seize heures de jour pour huit de nuit. Je suis passé de l'hiver de l'hémisphère Nord à l'été du Sud, et les conditions atmosphériques me font penser à celles que l'on rencontre généralement en Bretagne au mois de juillet : un petit blouson est bienvenu pour barrer ce matin... Les polaires sont elles aussi de sortie, alors qu'il y a peu je luttais pour me protéger du soleil ! Signe que ma descente est bel et bien rapide – aujourd'hui encore, par force 4-5 et sous petit gennaker, *IDEC* file vers les quarantièmes et les « vrais » vents d'ouest. Le potentiel de vitesse de ce bateau ne cesse de me surprendre agréablement.

Croisant à trois cents milles de Tristan da Cunha, je ne verrai pas ce cône volcanique, habité par les descendants de tous les navires qui y ont fait naufrage, mais les souvenirs du livre d'Hervé Bazin, *Les Bienheureux de la désolation*, me permettent d'imaginer la rudesse des conditions de vie sur cet îlot. S'y trouvait un simple village de pêcheurs, pris entre les fureurs des tempêtes d'hiver et celles du volcan encore fumant ! Une colonne d'eau à l'horizon signale un souffle de baleine – j'en croise en effet une quelques minutes plus tard, faisant route en sens inverse. Elle doit bien mesurer une quinzaine de mètres, la vision est magnifique ! J'aimerais avoir le loisir de l'observer un peu, de l'identifier plus précisément, mais elle sonde à l'approche du bateau : cette zone de l'océan Atlantique est très fréquentée par les cétacés, et il faut être particulièrement vigilant. La rencontre avec ces grands mammifères marins me projette en pensée à l'ère préhistorique, lorsque la terre était peuplée de dinosaures. L'homme est une bête curieuse pétrie de contradictions : il se passionne pour cette période disparue au travers de films, de livres, de jeux pour les enfants... Et si cela était possible, les pays développés réuniraient des sommes colossales pour faire revivre un tyrannosaure ! En revanche, l'on extermine les géants qui existent encore pour les manger ! S'il s'agissait de peuplades dont la survie dépend de cette chasse, la chose serait compréhensible, mais non : ce sont les Japonais et les Norvégiens, pays riches s'il en est, qui, en dépit des conventions internationales et des nombreuses mesures de protection dont l'espèce bénéficie, continuent à affréter des baleiniers !

Une faible pluie accompagne le crépuscule naissant, mais le vent reste stable, et je me prépare à passer une bonne partie de la nuit dans le cockpit. C'est là le prix à payer pour garder mon petit gennaker en place, et continuer à afficher une vitesse soutenue. Cela vaut bien un léger sacrifice...

9 décembre – dix-septième jour

Soudaine frayeur au lever du jour : le bateau ne tient plus son cap, et lorsque j'attrape la barre après avoir débrayé le pilote, une forte résistance et de vilaines vibrations se font sentir dans le safran : il faut ralentir en affalant les voiles. La lumière qui augmente me permet d'identifier la cause de cette débâcle. Un magma de cordages et de grandes bâches en plastique déchirées sont pris dans le gouvernail, et ce disgracieux paquet traîne sur plusieurs mètres. En mettant le bateau vent debout, il repart en arrière et, après plusieurs tentatives, finit par se dégager complètement. *IDEC* peut de nouveau surfer à plus de vingt-deux nœuds, toujours tracté par le fidèle petit gennaker que des vents favorables m'autorisent à conserver.

Plus tard dans l'après-midi, la pluie se fait dense, et je rencontre mon premier front austral, atténué à souhait pour la mise en route... J'affale ma voile de portant – une prise de ris suit, ainsi qu'un empannage, qui me permet de faire cap au 120°, droit vers Bonne-Espérance, sur l'autre bord. La rotation des vents est inversée par rapport à la Bretagne (à l'hémisphère Nord dans son ensemble, en fait !) : voilà qui me rappelle que, de ce côté-ci de l'équateur, les baignoires se vident à l'envers, tandis qu'anticyclones et dépressions tournent en sens inverse. La copieuse ondée est accompagnée d'un vent de nord-ouest, et l'éclaircie vient avec le vent de sud-ouest... La situation n'est pas rendue plus simple par les masses d'air instables, qui ne favorisent pas l'analyse des phénomènes rencontrés. Il faut s'adapter à cette nouvelle donne, et la station radio de Pretoria, en Afrique du Sud, va m'apporter des informations bien utiles. Tandis que je m'adonne à ces réflexions, un gros poisson volant atterrit sur le pont – par 34° sud, alors que l'eau est à dix-huit degrés ! C'est une variété bien différente de celle que j'ai rencontrée sous les tropiques, et je prends le spécimen en photo pour les enfants. Je suis moi-même assez surpris d'en trouver sous ces latitudes...

11 décembre – dix-neuvième jour

Le vent a forci dans la nuit, avec de fortes rafales sous les grains, et les manœuvres de réduction de voilure se sont succédé. *IDEC* file désormais sous trois ris et petite trinquette. Les dépressions qui circulent vers le quarantième parallèle ne m'incitent pas à gagner beaucoup dans le Sud, aussi je décide de cibler un passage du cap de Bonne-Espérance vers 39° nord. Les premiers albatros apparaissent, légers points à l'horizon, et s'approchent à une trentaine de mètres. Majestueux, ils déploient une envergure environ trois fois supérieure à celle de nos goélands, et le V noir peint au bout de leurs ailes blanches leur confère une élégance qui me fait comprendre que ce sont eux les vrais maîtres des lieux. Se penchant avec curiosité sur le sillage d'*IDEC*, ils semblent se demander s'ils doivent ou non accepter ce drôle d'oiseau rouge sur leur territoire... Ils planent à distance, sans jamais battre des ailes, et leurs silhouettes vont m'accompagner pendant les semaines à venir.

Au téléphone, je raconte aux enfants l'arrivée de ces grands oiseaux, qui sont le symbole de l'entrée dans les quarantièmes. Ce que je passe délibérément sous silence, ce sont les questions qui m'assaillent à l'approche du Grand Sud. Car vais-je être capable de partager ce monde, celui des mers furieuses et des grands albatros ? Ces derniers sont si bien adaptés à cet environnement particulièrement hostile qu'ils peuvent planer pendant un tour du monde sans se poser à terre – serai-je pour ma part à même de m'affranchir, sans encombre et suffisamment rapidement, des quinze mille milles qui m'attendent dans les mers australes ?

La matinée se passe à régler et à barrer, pour progresser au mieux dans ce bon vent portant... Les passages de ciel bleu correspondent souvent à une accalmie et permettent de larguer un ris, pour le reprendre quelquefois moins d'une heure après, lors du passage des nuages qui accompagnent un renforcement du vent. C'est au prix de ces manœuvres incessantes qu'il est possible de maintenir une vitesse satisfaisante. Le grand trimaran file à plus de vingt nœuds, mes efforts sont récompensés. Une pause déjeuner est la bienvenue, mais tandis que je fais réchauffer à la poêle le pain précuit, un choc violent ébranle tout le bateau. J'ai à peine le temps de penser que le gros pépin tant redouté vient d'arriver que je suis déjà sur le pont. Rien n'est visible à la surface de l'eau, mais eu égard à la violence de l'impact – et au vacarme qu'il a généré –, je suis à peu près certain que nous venons de heurter de plein fouet un conteneur semi-immergé ou une bille de bois.

Je capterai d'ailleurs par la suite un avis aux navigateurs en provenance de Cape Town, destiné à les avertir de la présence possible de troncs, perdus par leur transporteur dans le mauvais temps... La dérive est remontée d'un mètre au-dessus du pont, ses bouts de retenue sont rompus, tandis que la face arrière de son puits, constituée d'un rectangle d'Ertalite, est sortie de son logement... Je m'empresse d'affaler la grand-voile, ralentis le bateau pour y voir plus clair, et fais le tour de la plateforme. Aucun trou n'est visible sur les parties émergées de la structure, et une visite rapide des nombreux compartiments n'indique aucune voie d'eau. Pour ce que je peux en observer, seule la dérive a souffert, alors que les bouts qui la maintiennent en place, servant à gérer sa montée ou sa descente, ont une résistance avant rupture de huit tonnes : leur forfait sans appel atteste la violence du choc... Ce n'est qu'après avoir déplacé les voiles qui encombrent les alentours du puits qu'il m'est possible de constater que les six compartiments qui l'entourent sont restés étanches. Cette zone est particulièrement bien conçue et échantillonnée, car il est probable qu'un choc équivalent sur un multicoque de soixante pieds aurait fait exploser la face arrière du puits. La partie inférieure de la dérive est inclinée à quarante cinq degrés, c'est ce qui a sauvé le bateau en transformant le choc horizontal en force ascendante. Le safran, qui est dans l'alignement de la dérive et presque aussi profond qu'elle, pourrait avoir souffert lui aussi. Par transparence dans l'eau, il semble entier : je me rassure en prenant un peu la barre et en la sentant aussi douce que de coutume. Tranquillisé par cette tournée d'inspection préliminaire, je suis tout de même bien secoué, car outre l'inquiétude qu'il a provoquée chez moi, le choc a été plutôt violent...

Je suis sûr qu'*IDEC* ne prend pas l'eau, mais comme la structure est constituée de deux peaux reliées par une mousse qui sert de matériau d'âme, il peut y avoir délaminage entre les deux. Néanmoins, dans la houle qui atteint les six mètres, il n'est pas question de tenter un plongeon, histoire d'aller y voir de plus près. En plus de faire redescendre le rythme cardiaque à un niveau acceptable, l'urgence est de relever la dérive avec une drisse pour constater, soulagé, que les quatre mètres que je peux observer sont intacts. Seule une fissure est visible dans l'axe sur une vingtaine de centimètres. Je ne peux pas sortir l'appendice dans sa totalité, car si ses deux cents kilos n'étaient plus maintenus dans le puits, ils se balanceraient dangereusement au-dessus du pont en heurtant mât et bôme. Tant que le vent et la mer ne se seront pas sérieusement calmés, je ne pourrai pas faire grand-chose – heureusement que me voilà parti pour plusieurs semaines de portant, allure à laquelle la dérive ne m'est pas réellement utile.

Je ne saurai donc pas si la partie basse est très abîmée, mais je passe plusieurs heures à ausculter le bateau avant d'envoyer un mail à l'architecte, Vincent Lauriot-Prévost, pour lui expliquer l'avarie, et lui demander des informations relatives à la construction de cette pièce... Y a-t-il un fusible, pièce perdue volontairement en cas de choc ? Sa réponse très rapide me rassure : la dérive est généreusement échantillonnée, ainsi que son puits. De plus, aucun risque que l'eau ne s'infiltre dans l'appendice car sa structure ne recèle aucun vide... Je peux donc reprendre ma vitesse de « croisière », en espérant qu'aucun dommage supplémentaire n'en résultera. Un mauvais souvenir me tracasse : à bord de *Laiterie Saint-Malo*, en compagnie de l'équipage de Lorient, nous avions entièrement détruit la dérive à cause d'un petit trou sur sa face avant réparé provisoirement par du Scotch ! Les peaux en carbone s'étaient arrachées pour finalement laisser l'âme à nu, celle-ci n'étant dotée que d'une résistance très limitée ! Mais *IDEC* est un bateau conçu – et apparemment avec soin – pour pouvoir encaisser les diverses contraintes d'une circumnavigation, et ses années de mer ont contribué à le fiabiliser et à le renforcer.

J'essaie, par analogie, de me persuader que l'issue heureuse de cette avarie a, d'une certaine façon, renforcé ma détermination... Et après avoir écrit dans le livre de bord : « Prudence, ce tour du monde peut prendre fin à tout moment », je griffonne une saillie plus optimiste : « Touché, mais pas coulé ! » Cette petite parenthèse « littéraire » est bien vite refermée, et je m'empare d'un marteau, car la cale en Ertalite constitue désormais une protubérance sur le pont, dépassant d'environ quatre-vingts centimètres. Si le vent venait à tourner dans la nuit, elle m'empêcherait tout bonnement d'empanner. La seule solution pour la remettre en place est de taper dessus, et deux heures d'efforts sont nécessaires pour la faire redescendre, millimètre par millimètre, sous le niveau de la bôme, après l'avoir grattée au couteau pour adoucir ses arêtes. Cette opération achevée, je ne pourrai pousser les réparations plus avant qu'avec le retour du beau temps... Dès que cela me sera possible, je mettrai la dérive sur le trampoline pour en stratifier le bas, et recréer un système qui permette de la descendre à nouveau dans son puits. La peur d'une voie d'eau reste bien présente, et me fait faire le tour de tous les compartiments régulièrement pendant la nuit.

Peur, le mot est lâché, et elle sera une compagne, trop fidèle à mon goût, dans le Grand Sud... Malgré tout, et malgré ma réticence à en faire état de façon patente, je ne cherche pas à la repousser, car elle reste garante d'un minimum de prudence... Un excès de peur serait paralysant, m'empêcherait de mettre la toile nécessaire pour rester dans le rythme ; mais à l'inverse, une absence de « sonnette d'alarme » ferait prendre des risques exagérés, et l'avarie ne serait pas loin. À l'instar des divers dispositifs qui président à la bonne marche du bateau, le réglage optimal du trouillomètre est lui aussi essentiel ! En termes plus choisis, on parlerait plutôt de « sens marin », notion floue dans l'absolu, mais qui prend tout son poids lorsqu'il s'agit de faire un choix en mer. On peut confier la décision de réduire les voiles aux indications données par les instruments, en particulier la vitesse du vent réel qui est déterminante, mais il reste des éléments qui n'entrent pas dans les données brutes – comme la force et la direction de la houle, les courants qui peuvent rendre la mer plus ou moins hachée, ou plus simplement l'état de fatigue du barreur.

Pour pouvoir descendre un peu de dérive pendant la nuit, j'amarre verticalement une ancre plate dont la largeur n'excède pas celle du puits : elle servira de levier si cela s'avère nécessaire. Le cap est remis au large du banc des Aiguilles, distant d'environ six cents milles... Il s'étend très loin au sud du cap de Bonne-Espérance et ses hauts-fonds* sont parcourus par de puissants courants qui lèvent une mer très dure en s'opposant au vent d'ouest. La prochaine dépression va se former vers le trente-huitième parallèle et limite ma marge de manœuvre : la route logique passera donc tout près de ce banc, délicat à négocier, et c'est sous trois ris et une petite trinquette, la voilure du mauvais temps, qu'*IDEC* fait route à l'ouest, à vingt nœuds. Naviguant dans des vents d'environ force 7 depuis plus de vingt-quatre heures, je dois également tenir compte d'une mer plutôt copieuse, bien que je ne sois pas encore à proprement parler dans le « vrai » Sud. Reste que mon antenne de téléphone Iridium, installée en hauteur sur le portique à la poupe de la coque centrale, a été noyée par une vague plus virulente que les autres ! Par mesure de sécurité, j'ai placé celle de secours à l'abri dans le poste de veille, et manifestement, cela ne gène pas la réception. L'eau blanche jaillit au-dessus du pont, tandis que le flotteur sous le vent est à moitié englouti par l'écume que lève son étrave. Une vibration me rappelle que tout n'est pas normal dans la marche du bateau. J'attribue ce petit sifflement au bord d'attaque de la dérive, qui doit porter une trace de l'impact. Mais petit à petit, je l'intégrerai aux autres bruits et il fera partie du concerto normal du trimaran...

12 décembre – vingtième jour, cap de Bonne-Espérance

IDEC continue à foncer à travers les nuages bas, chargés de vents forts, qui alternent avec les éclaircies. Le temps à grains dure maintenant depuis deux jours, me contraignant à manœuvrer sans relâche afin de toujours naviguer avec la toile du temps. Je barre somme toute assez peu, car il faut conserver l'énergie pour prendre les ris et hisser les voiles d'avant. Il ne m'est toujours pas possible de sortir la dérive de son puits et, de plus, je viens de trouver environ cinquante litres d'eau sous le moteur... Je crains une voie d'eau consécutive au choc, mais analyse faite, il s'agit seulement d'une fuite dans le circuit de refroidissement. La réparation est reportée à plus tard – ce qui n'est pas dans mes habitudes, et dénote à n'en pas douter une grosse fatigue. Les événements se déroulent trop vite et me débordent, pour être tout à fait franc. Par bonheur, le passage de mon premier grand cap, avec à la clef un joli chrono sur cette première portion, me galvanisera...

Je double le cap de Bonne-Espérance à 4 heures 30 le 12 décembre, par 38° 45′ de latitude sud, assez près du banc des Aiguilles. Le paysage maritime reste d'une belle sobriété, et à part les vagues qui déferlent, surmontées de leur panache blanc, il n'y a strictement rien à voir – pas de bateau et encore moins de terre. Extrait du livre de bord : « Ai empanné à 4 heures 30, juste à la longitude du cap pour repartir à fond. La mer est confuse à cause de la bascule de vent du sud-ouest au nord-ouest, mais il est plus stable et permet de renvoyer un peu de toile pour filer à vingt-quatre nœuds. » C'est une véritable récompense de pouvoir passer ce pas moins de vingt jours après le départ de Brest ! Lors de la vacation radio, j'apprends que mon temps (dix-neuf jours, vingt heures et trente minutes) s'intercale entre celui de *Sport Elec* (sur qui j'ai près de deux jours d'avance !) et celui d'*Orange*, alors détenteur du trophée Jules Verne ! Même si je suis conscient d'avoir bénéficié de bonnes conditions météo, je sais que je n'ai pas traîné en route, ne renâclant jamais lorsqu'il s'agissait d'aller mettre du charbon. Cependant, une ombre subsiste dans ce tableau quasi idyllique, et j'ai l'étrange impression d'être au pied du mur...

Mon sentiment doit être comparable à celui de l'alpiniste qui, après des semaines de marche d'approche, installe son camp de base sous l'Annapurna. Il lève les yeux vers les sommets perdus dans les nuages, et sait que même si ce qu'il vient de réaliser lui a demandé toute son énergie, cela ne représente rien à côté de ce qui lui reste à accomplir ! Différentes voies s'offrent à lui, et chacune d'elles recèle son lot de dangers – avalanches, chutes de pierres, roches trop fragiles, déclivités trop importantes... Arrivera-t-il vivant au sommet, saura-t-il résister au froid, au manque de sommeil et d'oxygène ? Chaque choix, chaque geste engagera jusqu'à sa vie... Il en est de même pour les deux océans qui s'ouvrent devant moi, et cette fois c'est certain, les choses sérieuses vont commencer. Plus de « droit à l'erreur » qui tienne, ni dans les choix de route, ni dans les manœuvres, ni dans les gestes de la vie quotidienne. Il peut être aussi dangereux de se blesser en chutant dans la descente et de se faire une malheureuse fracture que de passer par-dessus bord, car sans forces suffisantes, il serait impossible de maîtriser le bateau devenu beaucoup trop grand... Ces douze mille milles de mers australes m'impressionnent beaucoup, et je ne peux empêcher les souvenirs amers de remonter à ma mémoire. Paul Vatine, Gerry Roufs, disparu lors du Vendée Globe 1996-1997... mes compagnons de route qui, malgré leur expérience et leur sens marin, sont passés du mauvais côté. Je me garde bien, une fois de plus, d'évoquer mes états d'âme au téléphone, et me contente d'insister sur le côté positif.

Objectivement, j'ai de quoi me réjouir : le bateau va vite, je ne vois aucune raison de le brider, et mes petites séances de barre sont plutôt exaltantes. Bref, les choses continuent à se dérouler plus que correctement ! La nouvelle dépression qui arrive derrière *IDEC* ne se déplace qu'à vingt-cinq nœuds, et en allant le plus vite possible, je peux approcher cette vitesse et rester plusieurs jours dans du bon vent, stable sur son avant. Le jeu consiste surtout à ne pas me faire rattraper, car il me faudrait alors ralentir, et j'estime à dix nœuds la perte de vitesse à laquelle il me faudrait consentir... Sans compter le risque supplémentaire que je ferais courir au matériel. Cap à l'est à fond, mon après-midi se passe à la barre, entre vingt-deux et vingt-six nœuds, sous le soleil qui persiste en avant du front. Sous deux ris et Solent à l'avant, cette entrée en matière dans l'océan Indien est vraiment dynamique. Les cirrus du front qui nous rattrapent très lentement sont visibles dans l'ouest, mais en attendant, le grand trimaran avale les milles comme un boxeur encaisse, sans sourciller, les coups de poing assénés sous forme de déferlantes.

13 décembre – vingt et unième jour

Le pilote a tenu le rythme toute la nuit, mais les trépidations de la plate-forme sont très peu compatibles avec mes besoins de sommeil. *IDEC* rue comme un cheval sauvage, se heurtant parfois à de solides paquets de mer qui ébranlent sa structure... ainsi que son skipper. La moque de café du matin est difficile à avaler, car la surface du liquide tressaute dans son récipient en plastique. Comme bien souvent au moment de mes brefs repas, le bateau en profite pour faire le fou, et les impacts redoublent de force dans le bras arrière lorsque les vingt-sept nœuds sont dépassés. Très vite, je ferai de ces coups de boutoir dans les carénages postérieurs un signal d'alarme m'indiquant qu'il est temps de me rendre sur le pont afin de réduire la toile ! À la faveur de descentes de vagues musclées, mes tartines en profitent pour s'évader, puis retombent sur le plancher, confiture dessous, comme le veut la tradition ! En lisant trente-deux nœuds sur le GPS, je me dis qu'il est temps d'abréger le petit déjeuner et de monter sur le pont. Il suffit de vriller les voiles pour retarder encore un peu la réduction de voilure... Néanmoins, je sais que cet artifice ne m'autorise qu'un répit provisoire.

IDEC ne semble pas souffrir de ces excès de vitesse ; bien au contraire, il est heureux de filer comme cela sur les vagues, flotteur et coque centrale à demi immergés. Mon écoute est encore plus attentive qu'à l'accoutumée, et je bondis au moindre bruit inhabituel... La vitesse est un facteur de sécurité tant que l'on ne casse pas, et parcourir cinq cents milles en vingt-quatre heures permet de faire un sacré bond en avant. Les coups de vent qui talonnent le bateau sont aussi une bonne motivation pour filer, car une fois que j'aurai été rattrapé, l'état de la mer ne me laissera plus beaucoup avancer. Si mon grand trimaran est assez rapide, ces vents forts se décaleront plus au sud dès demain et me permettront de naviguer encore dans le bon créneau de vent. Tout doit donc être mis en œuvre pour continuer à évoluer dans cette zone optimale, me permettant à la fois d'engranger des milles et de rester en relative sécurité.

Le soleil sera de la partie encore toute cette journée, mais les impacts de vagues dans le cockpit m'empêcheront de barrer plus d'une heure d'affilée. Le vent a survolé l'Afrique du Sud avant d'arriver ici, et même s'il s'est refroidi sur la mer, il a gardé la chaleur de ce passage. Les conditions restent assez clémentes, malgré l'hostilité des flots qui s'abattent sur le pont – au moins je ne souffre pas du froid. La météo prévoit des vents très forts au sud du quarantième parallèle, et même si cela rallonge beaucoup la route, il vaut mieux marcher à vingt nœuds sur une trajectoire plus longue que cahoter sur le cinquantième à vitesse réduite, sans parler des avaries possibles et des risques de collision avec les icebergs... Ces derniers animent le paysage environ deux cents milles plus au sud, et je ne suis pas pressé d'en voir sur mon chemin – le risque étant justement de ne pas les voir à temps. L'endroit est bien couvert par les stations d'observation météo d'Afrique du Sud, aussi je reste attentif à toutes les informations que je suis en mesure de recueillir. Les bulletins captés grâce au standard C* et les cartes émises par Pretoria recoupent efficacement les champs de vent.

Mes documents m'apprennent qu'un cyclone est en pleine action près de Madagascar, et je ne peux m'empêcher de rêver en détaillant la carte des côtes de cette grande île... Le fait d'être en plein inconnu, découvrant heure après heure le « relief » si particulier de l'Indien, ne m'empêche aucunement de songer à d'autres voyages. Et peut-être y reviendrai-je un jour ! Au soir, le front m'a rattrapé, et sous un ciel gris et humide il faut réduire encore, tandis qu'une nouvelle houle se crée avec le vent de sud-ouest. La cohabitation avec les grandes vagues de nord-ouest se fait difficilement. C'est la spécialité de l'océan Indien, et les trois coques rouges ne savent plus sur quel pied danser dans cette mer croisée. Je retrouve, grandeur nature, cet océan cabossé, abrupt et déstabilisant que j'avais maintes fois entraperçu grâce aux divers récits de ceux qui s'y étaient aventurés avant moi.

Sur le front mécanique, un fort grincement vient de la mèche de safran, me rappelant que cette partie de « tout-terrain » exige beaucoup du matériel. La lampe frontale m'aide à découvrir que le palier s'est trop vissé : le haut du gouvernail touche la coque, mais il y a plus de peur que de mal, et le problème s'avère assez rapide à régler correctement. J'attends le lever du jour pour nettoyer la graisse qui a maculé le fond du cockpit et rend les manœuvres glissantes. Puis je m'attèle à la recherche d'une solution qui empêcherait une bonne fois pour toutes le palier de safran de se dérégler tout seul !

Du 14 au 19 décembre – du vingt-deuxième au vingt-septième jour

Au nord des îles du Prince-Édouard, le point du matin donne quatre cent cinquante milles parcourus en vingt-quatre heures... Les jours qui suivent vont se ressembler, avec une descente progressive vers le Sud et des journées de longues glissades à dévaler la houle, suivies de grands chocs qui bousculent le contenu de la cabine et me font sursauter – le souvenir de l'impact contre la dérive reste en effet bien présent à mon esprit. Il est impossible de s'habituer à la déflagration des crêtes de vagues lorsqu'elles sont fauchées par le bras arrière ; cela n'arrive qu'à partir de vingt-cinq nœuds... La nuit, je ne mets plus d'alarme et fais confiance à ce réveil bien original, et très efficace. Certes, ça tape de tous les côtés, et lorsque je vais dehors, c'est pour me prendre instantanément trois cents litres d'eau sur le crâne, mais je progresse beaucoup ! Virginie, jointe par téléphone, trouve que je vais trop vite, et c'est également l'avis de Christophe, qui me dit avec raison que réduire la toile à temps, c'est réduire les risques... Je sais qu'ils sont la voix de la sagesse, mais comme je le leur fais remarquer, tant que mon rythme ne baisse pas cela signifie que je suis à bloc côté moral ! Je continue donc à faire marcher le bateau le plus vite possible, et pour tout dire, j'ai maintenant l'impression d'être à son service. Ce n'est plus le trimaran qui doit me permettre de réaliser mon tour du monde le plus rapidement possible, je suis devenu son esclave... Lorsque la vitesse baisse, j'interprète ce signe comme un appel de sa part, et il m'est impossible de ne pas y répondre en envoyant la toile – quitte à être obligé de réduire l'heure d'après.

Du rôle de décisionnaire, je suis passé à celui d'exécutant. Il a pris le pas sur moi, même pour ce qui est des décisions météo, jusqu'ici de mon ressort exclusif : il parvient à intervenir, et me fera empanner trop tôt, cap au 145°, car bâbord* amures, il cogne beaucoup trop dans la houle de nord... Le cap s'améliore petit à petit, et finira par donner raison au bateau en dépit de l'évidence : c'est en allant dans le Sud, à la rencontre du nouveau vent d'ouest, que se trouvent la meilleure glisse et la meilleure vitesse.

Je ne me révolte pas, et accepte d'être un outil au service du multicoque, de simplement le guider dans le nord des dépressions, là où le vent est assez fort pour bien le faire marcher, mais pas trop pour ne pas qu'il soit freiné par une mer trop scabreuse. Je charrie de la toile, tel un bon déménageur, mettant les gennakers de cent cinquante kilos en place au moment juste, matossant* en apportant les poids au vent lors des empannages. Je bricole, tel un mécanicien expérimenté, venant à bout de la voie d'eau du moteur. Je bidouille, tel un spécialiste informatique, capable de maintenir en service les « jouets » de la table à cartes. Je me suis peu à peu mué en homme-orchestre catégorie labeur, toujours en service... sans pour autant avoir le sentiment d'être pris au piège.

Je m'évade de temps en temps, en observant les grands albatros qui suivent notre sillage : il y a maintenant une trentaine d'oiseaux qui mettent une note de gaieté dans le paysage, et j'aime les regarder planer de crête en crête puis plonger brusquement sur leurs proies sous-marines. Les damiers du Cap, au plumage quadrillé de noir et blanc, sont particulièrement faciles à identifier, ainsi que les albatros à cape blanche. L'un d'eux, posé sur l'eau, se trouve en plein sur la trajectoire du trimaran et se heurte au trampoline, en essayant de décoller juste au moment où nous passons dessus. Il parvient à se rééquilibrer, après avoir sans doute eu la peur de sa vie ! L'incident ne se produira qu'une fois, car il est rarissime de voir un de ces majestueux oiseaux posé sur la mer. L'inventaire ornithologique qui gravite autour du bateau est assez riche : des pétrels plongeurs, des pétrels tempête, et surtout de nombreux représentants de la variété dite « de Wilson » se nourrissent des organismes ramenés en surface, planant avant de piquer sur leur proie. J'imagine que les petits poissons remontent à la surface au passage d'*IDEC*, le trimaran creusant un sillage digne de celui d'un chalutier, et que les oiseaux profitent de l'aubaine pour se nourrir. Les calmars constituent leur mets préféré, et j'en trouve, quelquefois, échoués sur le pont. Mais peut-être accompagnent-ils tout simplement mon grand volatile rouge, jouant dans les turbulences de ses deux ailes verticales...

Barrer permet de retrouver un peu de liberté : il m'arrive de larguer un ris pour quelques heures, et de lancer les seize tonnes d'*IDEC* dans des surfs endiablés. Je m'octroie parfois de vrais « après-midi voile », juste pour le plaisir et la griserie de la vitesse, qui explique d'ailleurs mon goût immodéré du multicoque. Le jeu consiste à lofer pour augmenter le vent apparent en remontant la houle qui culmine à environ huit mètres, puis à dévaler en abattant jusqu'au vent arrière dans les descentes. C'est passionnant, mais je sens bien que ma résistance s'est quelque peu émoussée. De plus en plus souvent, je ressens le besoin de m'allonger quelques minutes pour récupérer, et j'ai l'impression de puiser un peu trop dans mes réserves, alors qu'il y a encore tant de chemin à parcourir... Violence des mouvements du bateau. Violence de la vitesse. Violence des paquets de mer pris sur la tête toutes les vingt secondes. Violence des chocs contre les vagues... Un peu de douceur serait la bienvenue... Je me suis tordu un bras cette nuit, simplement en allant voir le réglage de la trinquette et en étant projeté contre le mât. Chaque fois qu'il faut wincher, la douleur se réveille et me fait perdre en efficacité.

Par 46°, la respiration du Grand Sud n'a fait que prendre de l'ampleur au fil des jours : la houle s'est faite plus volumineuse, le ciel a revêtu son manteau de froid, oscillant entre soleil et grisaille, selon que le vent vient du nord-ouest ou du sud-ouest. Il y a même eu du brouillard, qui s'est installé subrepticement, le plafond de nuages s'épaississant petit à petit pour former une vraie brume liée à la température de la mer – seulement sept degrés –, comme sur les bancs de Terre-Neuve. Une ambiance qui n'est pas sans me rappeler la Transat Anglaise ! Le grondement de la mer s'est fait plus menaçant de jour en jour, donnant tout son sens à la fameuse appellation des « quarantièmes rugissants ». Très vite, ce feulement continu s'est associé au bruit du sillage d'*IDEC*, et je sens bien qu'il me manquerait s'il venait à cesser brusquement... Il s'agit de la signature sonore du grand flux d'ouest qui ceinture cette partie de la planète, courant librement les mers du Sud sans qu'aucune terre ne contrarie sa trajectoire. Et ce ne sont pas les petits archipels désolés, disposés çà et là, qui interfèrent beaucoup ! Le trimaran laissera les îles du Prince-Édouard, puis Crozet et les Kerguelen dans son sud, alors que Saint-Paul et Amsterdam sont laissées au nord... Autant de terres inhospitalières, où la domination nette de la nature n'a jamais été contestée par l'homme, et où seuls quelques scientifiques et pêcheurs séjournent encore. Sur ma trajectoire, ces îlots jalonnent ma progression et offrent un support à mon imaginaire, aisément éveillé par l'évocation de lieux inconnus, mystérieux et sauvages...

16 décembre – vingt-quatrième jour

Fort coup de vent. La mer grossit de façon disproportionnée, et je suis contraint de manœuvrer en combinaison de survie, en apnée dans les masses d'eau qui s'abattent sur le pont. Il n'est plus possible de barrer, mais le pilote parvient à garder un cap précis malgré les conditions. Onglées dues aux grains de neige et crâne martelé par les grêlons – le tribut naturel à payer aux quarantièmes. Je prends mon mal en patience, le bateau ne semble pas trop souffrir... Le sifflement du vent dans les haubans change d'octave le lendemain, et la mer accepte de faire le dos rond à nouveau. L'attirance pour une route plus directe, qui passerait au sud du cinquantième parallèle, est forte, car pour gagner dix degrés de longitude à ce niveau, il suffit de faire trois cent quatre-vingt-quinze milles, alors que par 40° sud, il faut en parcourir quatre cent cinquante-cinq. Mais la météo commande, l'été austral qui voit les dépressions descendre beaucoup plus bas n'est pas encore là. À ma position actuelle, soit 46° 30′ sud, il y aura demain force 9, et je ne tarde pas à prendre la décision d'empanner, afin de mettre cap au nord, pour échapper au très gros temps. La fiabilité des prévisions pour ces zones est saisissante, compte tenu du fait qu'elles ne peuvent s'appuyer sur aucune observation faite *in situ* par les navires. Le report quotidien des déplacements des anticyclones et dépressions sur le livre de bord me fait constater qu'il y a réellement peu de décalage entre les prévisions et la réalité. La NOAA fait du bon travail, en procédant à partir d'observations satellites. Seule la sous-évaluation de la force du vent peut surprendre : en pratique, il faut ajouter dix nœuds pour être dans le vrai, cet « écart » restant assez stable.

Je remonte en latitude, cap au nord-est, et après avoir vu la température de la mer baisser tous les jours jusqu'à six degrés, je constate un radoucissement progressif... Il m'est cependant impossible de barrer sans gants et sans la cagoule modèle FLNC – celle qui ne laisse dépasser que les yeux. Tout l'art des interventions sur le pont consiste à éviter de mouiller les couches de vêtements en fibre polaire, en fermant le ciré de la manière la plus hermétique possible. Mieux encore, la combinaison de survie dont les liaisons en Néoprène, aux poignets et au cou, garantissent une véritable étanchéité : c'est important, car je ne pourrai pas faire sécher quoi que ce soit avant des semaines, l'option chauffage n'ayant pas été prise à bord. Après consultation des participants du dernier Vendée Globe, il semble que deux grandes écoles s'affrontent : d'une part, les partisans d'un chauffage à air pulsé, qui leur permet de mieux récupérer dans une cabine plus confortable et surtout de pouvoir sécher les affaires mouillées ; d'autre part, les adeptes du simple et léger : pas de chauffage, pas d'installation compliquée, pas de carburant pour l'alimenter, et une température constante entre l'extérieur et l'intérieur qui évite les chocs thermiques et fait qu'on n'hésite pas à sortir pour un réglage, car il fait aussi « bon » dehors qu'à l'intérieur ! Cette dernière façon de voir les choses était d'autant plus évidente à bord d'*IDEC* qu'il n'y avait de temps que pour le vital, en termes de préparation. Bernard Stamm, brillant vainqueur de la dernière édition d'Around Alone (course autour du monde en solitaire avec escales), avait choisi cette option minimaliste. Quant à Jean-Luc Van Den Heede, qui navigue à l'heure actuelle dans le Pacifique, par 54° sud, il ne s'en est pas encombré non plus. Après six tours du monde en course, il a eu le temps de valider ses choix ! Donc, pas de regrets, et je suis sûr que même si le timing avait été moins serré, je n'aurais pas craqué.

Certains jours, lorsque le vent glacé venu de l'Antarctique se transforme en bise coupante comme un rasoir, je ne suis néanmoins pas loin de « retourner ma veste », car même en multipliant les couches de vêtements polaires, la meilleure manière de se réchauffer reste de claquer les dents ! En attendant le soleil de l'Atlantique – que je ne retrouverai pas avant quinze mille milles –, il faut stocker les habits mouillés dans un sac ou, lorsque le temps s'améliore, transformer en penderie la cabine du trimaran. Une manche à air surplombe la soute à voiles, et s'il y rentre autant d'eau de mer que de bon air marin, ce n'est finalement pas si grave, car une pompe permet de l'évacuer tous les matins. Une porte étanche sépare la voilerie de la cabine et, lorsque je l'ouvre, une circulation d'air s'établit avec la « niche à chien » et permet de chasser l'humidité intérieure.

Cet abri n'est naturellement habité par aucun canidé et, à vrai dire, s'il s'était agi de me choisir un compagnon, j'aurais plutôt opté pour un gorille qui m'eût été bien utile aux winches ! Mais le règlement est strict, et le WSSRC ne tolère aucune autre présence à bord que celle du skipper lors des records en solitaire – ce qui relève tout de même d'une logique implacable... Reste que si j'avais soupçonné l'efficacité du *dog house* avant mon départ, elle prend sa pleine mesure dans le gros temps du Sud ! Équipé de trois vitres en Plexiglas, ce poste de veille est bien défendu par une toile étanche, munie de deux fermetures éclair, qui permet d'éviter le gros des embruns. En cas de très mauvais temps, je dispose également d'une porte rigide, bien moins pratique pour sortir rapidement, mais qui résiste mieux aux déferlantes. Cette « niche » se trouve en arrière du bras postérieur du trimaran, qui supporte le rail d'écoute de grand-voile, et elle s'avère bien utile pour prendre un bon appui et franchir cet obstacle lorsqu'il faut aller manœuvrer à l'avant.

Côté intérieur, elle donne accès à la descente, véritable puits qui permet de plonger sous le bras avant d'entrer dans la cabine – bosses garanties aux deux ou trois cents premiers passages, avant que les bons réflexes ne soient acquis ! Le volume sous le bras est le dernier rempart contre l'humidité, et c'est là que restent accrochés cirés et bottes dégoulinantes, afin de garder au sec la cabine où se trouvent cuisine, provisions, table à cartes et couchette... Autant de choses qui apprécient modérément l'eau de mer. Celle-ci parvient malgré tout à s'infiltrer par les hublots de pont et la trappe de survie, située sur le côté de la table à cartes. Cette dernière fuite est de loin la plus gênante, car la proximité du circuit électrique oblige à éponger souvent la quantité – non négligeable – d'eau salée parvenant à pénétrer. Visiblement, des générations de marins se sont obstinées à venir à bout de cette fuite, et l'on peut observer que le hublot lui-même a été restructuré dans un premier temps. Ensuite, un gros renfort en forme d'oméga a été réalisé pour rigidifier le cadre du panneau. Et finalement, un volet qui s'encastre dans des rainures a été rapporté en désespoir de cause. Rien n'y fait, chaque déferlante qui percute la coque centrale sur bâbord le déforme et laisse rentrer un peu d'eau. J'apporte ma pierre aux nombreux travaux faits par le passé, avec force cartouches de mastic silicone, mais pour un résultat si peu encourageant que ce produit aurait été aussi efficace en restant sur les rayons du *shipchandler* de La Trinité ! Donc, le seau et l'éponge resteront d'actualité au quotidien. J'ai heureusement stratifié le Plexiglas de pont, qui se trouve au-dessus de la table à cartes et sert à éclairer, grâce à la transparence du tissu de verre, car son homologue, situé au-dessus de la cuisine, suinte régulièrement, n'ayant pas bénéficié des mêmes soins. Mais dans ce cas, il suffit d'écarter les provisions et de laisser circuler l'eau librement jusque dans les fonds...

Curieusement, pour un navire de vingt-sept mètres, il n'y a pas de hauteur sous barrots dans cette cabine, ou plutôt il n'y en a plus car des renforts ont été posés sous le pont : ils ont très certainement le mérite de le rigidifier, mais présentent également l'inconvénient de se trouver trop souvent sur la trajectoire d'un crâne, qui, soit dit en passant, ne peut compter sur la protection d'une chevelure abondante. Je ne peux m'empêcher de penser, à chaque nouvelle bosse qui ne manque pas de voir le jour dès que le trimaran est malmené par la mer, qu'une journée de travail à La Trinité aurait suffi pour découper le plancher à la scie sauteuse, et le refixer dix centimètres plus bas. Sur le moment, cela m'avait semblé être un luxe, je ne suis plus tout à fait de cet avis après pas loin d'un mois de mer. À l'inverse, la couchette est plutôt confortable. Il ne s'agit pas d'un simple trampoline tendu dans un cadre d'aluminium comme sur les soixante pieds, mais d'un matelas en mousse de six centimètres d'épaisseur – de quoi se caler par mauvais temps, mais surtout, s'isoler du froid. C'est une vraie bannette pensée pour un tour du monde, et il y en avait six à bord du temps de *Sport Elec* : Christian et moi-même les avons naturellement démontées avant le départ, pour alléger le bateau. Je reste d'ailleurs songeur en imaginant que cet espace exigu, qui est désormais le mien, a été partagé par sept bonshommes pendant soixante et onze jours !

La cuisine aussi est bien conçue, avec un bidon de dix litres alimenté par le dessalinisateur qui dispense assez d'eau douce pour se laver, boire à volonté et même rincer quelques vêtements lorsque le soleil n'est pas trop loin. Une table de cuisson à gaz équipée de deux feux et quelques placards pour ranger les provisions la complètent. Une pompe à eau de mer placée au-dessus d'un bac en inox permet de laver la vaisselle, mais je dois là encore admettre qu'il y a eu négligence de la part du préparateur : car si j'avais bien remarqué que l'eau accumulée sans servir pendant quatre ans dans les tuyauteries avait fort mauvaise odeur, je n'ai pas pris le temps de tout démonter pour faire baigner l'ensemble dans l'eau de Javel avant mon départ. J'imaginais qu'un usage régulier supprimerait le problème, mais il n'en est rien. Chaque fois que je réintègre la cabine après avoir effectué un séjour sur le pont, je suis accueilli par une véritable agression olfactive, d'autant plus désagréable que l'air du large affine l'odorat !

Afin de poursuivre mon petit tour du propriétaire, il me faut à présent évoquer la table à cartes, haut lieu stratégique du bord... Élégante avec son revêtement de carbone, elle est encadrée de fargues en bois verni, qui servaient « jadis » à retenir les cartes marines. Car c'est désormais le royaume de l'ordinateur, qui s'y trouve maintenu en place grâce à des Velcro. Cette machine recèle une cartographie électronique abondante, les cartes en papier restant sagement rangées à bord en cas de défaillance informatique. Quant aux fargues, elles ne servent plus guère qu'à toucher du bois, lorsque les vieilles superstitions refont surface et qu'un événement évoqué ne doit pas se produire !

Un radar, une BLU, un iridium, une centrale de navigation, un standard C complètent cet équipement, ainsi que la batterie d'interrupteurs qui commandent le nouveau circuit électrique alimenté par du douze volts, le circuit d'origine restant également en service. C'est un peu la ceinture et les bretelles, mais en solitaire, tout ce qui est lié à la conduite automatique du bateau, de la production électrique au câblage en passant par les pilotes et les vérins, est doublé. En cas de panne, il serait impossible de laisser le bateau courir pendant les réductions de voilure, ni de se reposer, et la seule allure raisonnable en dehors des heures de barre serait la cape : difficile de conclure un tour du monde dans ces conditions, surtout lorsque l'on vise un record, mais certains l'ont fait, comme Patrice Carpentier au cours du premier Vendée Globe en 1989. Le parc de batteries est doublé lui aussi, et se trouve sous les planchers de la cabine. Christian a posé des petits pontets, et les a amarrés pour qu'en cas de chavirage elles n'aillent pas défoncer le pont. C'est bien d'avoir un grand frère qui prévient les futures bêtises du cadet !

Continuons la visite du bord en franchissant le panneau étanche qui donne accès à la soute à voiles... Il faut ramper pour y pénétrer, et après avoir pris un peu d'eau de mer dans le cou – malgré les cartouches de silicone appliquées régulièrement sans guère de succès –, l'on débouche dans le local où sont stockés tourmentins, gennakers et autres voiles de rechange. À mi-hauteur de coque, une solide plate-forme structurelle reprend les efforts de la dérive lorsque celle-ci est en position basse. C'est en outre bien pratique pour y ranger les bidons étanches contenant la nourriture lyophilisée. Le poids stocké ici est idéalement placé pour le près, car bien centré dans le bateau, mais maintenant qu'il y a beaucoup de portant à faire, j'ai réparti les réserves, mouillage et autres pièces d'équipement au poids conséquent plus en arrière, ce qui tend à soulager les étraves et donc à limiter leur tendance à plonger au creux de la vague.

Une cloison totalement étanche se trouve en avant de la dérive, et reprend les efforts de compression du mât, afin d'épargner le bras de liaison antérieur ! Les douze mètres de coque situés en avant de cette cloison sont absolument vides, mais ce volume est divisé en quatre compartiments, de manière à limiter la quantité d'eau embarquée, au cas où... Des pompes électriques y sont également à poste, prêtes à intervenir dans cette même éventualité. On accède à ces compartiments par un panneau de pont, et des portes étanches permettent de les visiter régulièrement. Les bras n'ont pas de volumes utilisables, pas plus que les flotteurs, qui sont fermés, à l'exception de ce qui servait de toilettes pendant les courses en équipage, et que j'ai ramené à sa sobriété originelle pour gagner un peu de poids. C'est maintenant un espace vide, où reviennent huit tuyaux, reliés chacun à un compartiment étanche. On peut les ouvrir pour s'assurer que les flotteurs ne sont pas alourdis, mais il faut surtout vider l'eau qui entre généreusement par le capot sous le vent.

20 décembre – vingt-huitième jour

Échange de nouvelles avec la famille : c'est le premier jour des vacances de Noël, et il doit y avoir de l'ambiance. Lorsque les enfants sont tous réunis, nous en avons cinq à la maison, de quatre à vingt-deux ans, et ça déménage ! M'imaginer l'atmosphère joyeuse qui règne là-bas me tient chaud... Cela va bien aussi à bord d'*IDEC*, car le vent a molli à force 5 et la mer est maintenant bien plus maniable. Gennaker et grand-voile haute sont à poste, et le cap Leeuwin n'est plus qu'à huit cent quarante milles. Je poursuis ma remontée vers les 40° de latitude sud, afin de laisser la grosse dépression passer suffisamment loin (son centre est par 48° et génère des vents de cinquante nœuds). Alors que jusqu'ici, j'étais dans une logique de course-poursuite par rapport aux phénomènes météo, je dois maintenant prendre en compte un nouveau facteur : l'enjeu est en effet de passer la Tasmanie avec un bon angle de vent, sans toutefois être trop près du centre de cette dépression à fort potentiel de destruction. Hors de question de me mettre dans une situation de survie, je vise la frange nord du système, où je ne devrais pas trouver plus de trente-cinq nœuds de vent. Je m'obstine à faire marcher le pilote en mode vent malgré les « bugs » de la centrale de navigation, car dans deux jours, la terre Adélie, près de laquelle se trouve le pôle Sud magnétique, sera proche et il ne faudra plus compter sur le mode compas.

Sur la grande houle apaisée, la lumière est étrange aujourd'hui. Le crachin, la brume et de timides rayons de soleil se succèdent rapidement... Il y a du bonheur dans l'air à faire marcher le grand trimaran qui porte toute sa toile sans que le pont ne ressemble à un sous-marin qui émerge... La conscience d'approcher l'Australie en ayant bien mené le bateau n'est pas étrangère à ce sentiment de plénitude, et l'accalmie permet aussi de récupérer une partie du sommeil en retard, sans pour autant laisser aller côté vitesse : quatre cent quarante milles ont été parcourus au point du matin sur les dernières vingt-quatre heures. Quelques jouets ont été cassés à bord, mais j'ai pu les recoller au fur et à mesure,

1:25 000 000 dim 21 déc 2003 12:00 <SeaUser>

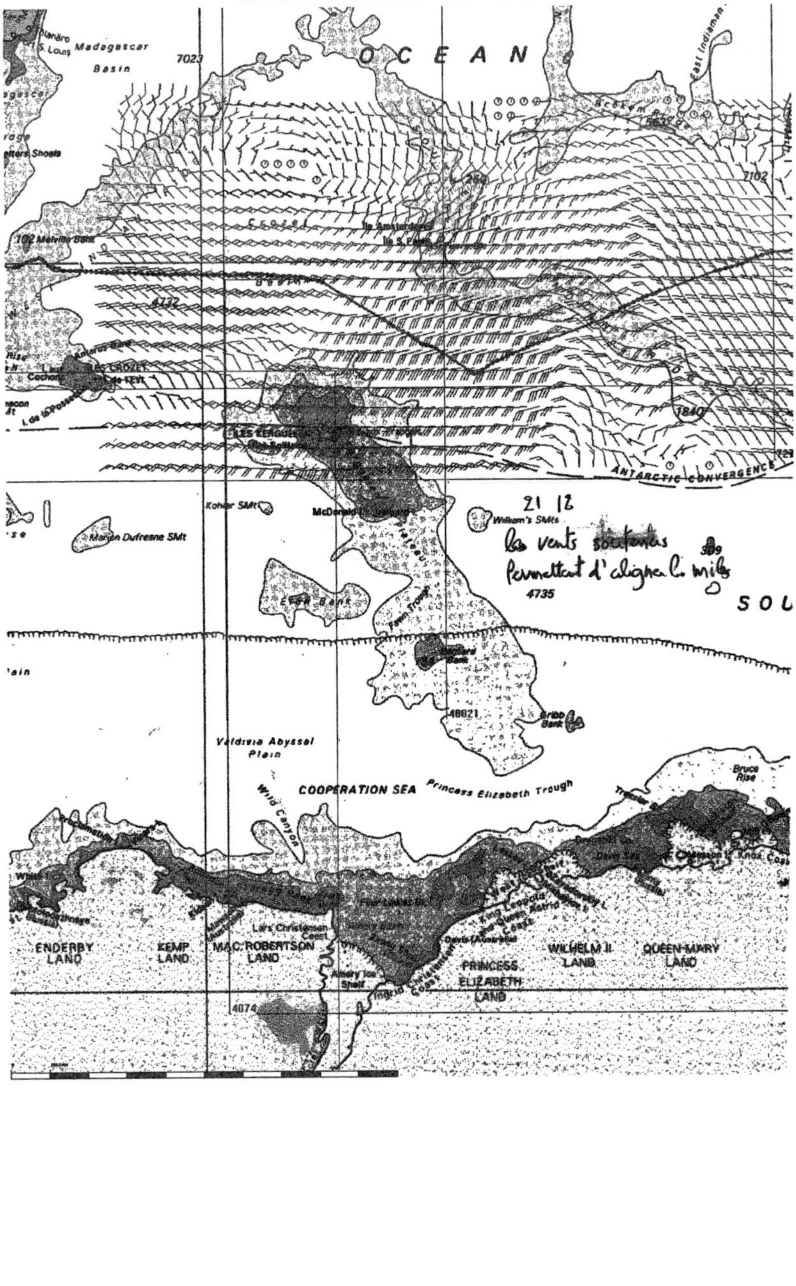

et il reste de quoi faire avancer le trimaran. Je ne me désole pas trop de la triste fin de mon gennaker médium, littéralement explosé... L'affalage de ses trois cents mètres carrés, impossibles à rouler, ne s'est pas si mal passé que cela sous le vent de la grand-voile, et il est maintenant plié et rangé en soute. Mon beau-frère Lionel se passionne pour la création de bagages en tissu à voile recyclé, et il aura là de quoi faire quelques essais et créer des modèles !

22 décembre – trentième jour, cap Leeuwin

Encore un jalon de franchi : le cap Leeuwin est passé à 14 heures 40 TU, trente jours après le départ de Brest, et j'envoie les positions automatiques par standard C au WSSRC, qui se charge, je l'espère, d'enregistrer les temps de référence intermédiaires. Mais si je ne boude pas mon plaisir de garder une bonne avance sur le record en solo et huit heures sur le temps de *Sport Elec*, ce cap me paraît quand même un peu théorique, car j'en suis loin dans le Sud et ne vois pas plus la terre qu'à Bonne-Espérance. Le bateau avance vite, mais ce second point de passage reste une abstraction un peu frustrante... Certes, les chiffres parlent d'eux-mêmes, et plutôt de façon plaisante, mais j'aurais aimé saluer une pointe rocailleuse, attraper au passage un morceau de paysage, avant de replonger dans l'immensité grise du Grand Sud et la solitude du Pacifique qui me tend les bras. La véritable marque de parcours sera le sud de la Tasmanie, car c'est la porte de sortie de l'océan Indien.

Les cinq cents milles franchis en vingt-quatre heures depuis hier me paraissent plus concrets, ainsi que le bon force 6 de nord-ouest qui permet de filer à vingt-deux nœuds. Le baromètre baisse d'un millibar toutes les heures et cela doit être vraiment vilain plus au sud... ce qui ne me laisse pas indifférent, car il va falloir descendre vers la Tasmanie, où la météo prévoit quarante-cinq nœuds de vent dans trois jours.

J'entrevois, afin de ne pas trop descendre en latitude, la possibilité de passer par le détroit de Bass, qui sépare cette île du sud de l'Australie. Cette solution, bien qu'un peu dangereuse en solitaire à cause des risques de collision ou d'échouage parmi les nombreux îlots, me tente énormément, car elle permettrait de voir du vert : les passes sont étroites, et je pourrais alors approcher ce milieu préservé, où l'on trouve les plus grands feuillus du monde avec les *Eucalyptus regnans* et des spécimens d'arbres parmi les plus anciens, dont les pins de Huon. Encore un endroit où il ferait bon faire escale dans un contexte moins agité. Depuis Trinidad et Martin Vaz, au large du Brésil, je n'ai vu que le bleu de la mer, le blanc des déferlantes et le rouge d'*IDEC*. Je comprends ce marin qui, dans *Taïpi* d'Herman Melville, déserte pour se réfugier dans la forêt par besoin de vert ! Confiné dans son navire, il ne voyait cette couleur que sur un morceau de sa couchette, d'un vert sale et écaillé... Soudain, je me sens moi-même prêt à prendre des risques, pour apercevoir ne serait-ce qu'un arbuste, une vague étendue d'herbe. Mais la conscience qu'une vraie fatigue s'est installée me ramène à la raison : j'ai certainement dépassé mes limites en voulant continuer à progresser autant que si j'étais accompagné d'un équipage. Je ne parierais pas sur le fait qu'il me serait aisé de parcourir les deux cents milles du détroit de Bass sans m'assoupir, ni connaître la moindre légère absence... Il me faut donc rester sur la route classique, et laisser le sud de la Tasmanie à bâbord. De plus, la classique épreuve Sydney-

Hobart se court dans quelques jours, et je n'ose imaginer la rencontre avec une flotte d'une centaine de voiliers en régate !

Cette fatigue excessive se manifeste par une surexcitation qui rend le sommeil long à venir, et trois heures de barre, plus une prise de ris, parviennent à peine à me calmer suffisamment pour trouver un peu de repos... Les cauchemars qui m'assaillent dès les premiers instants de sommeil sont si puissants et vivaces qu'ils me réveillent complètement. C'est mauvais signe, et des débuts d'hallucinations viennent me tenir compagnie alors que j'ai repris la barre. Inquiétant, même si celles-ci ne sont pas aussi fortes que celles qui m'avaient beaucoup troublé lors de la précédente Transat Anglaise : après sept jours de course intense, au réveil, je me trouvai totalement perdu dans le cockpit d'*Eure & Loir-Lorénove*. Je portai un regard circulaire sur le trimaran, les instruments de navigation, la mer qui m'entourait... mais rien n'y faisait. Impossible de savoir quel était ce bateau, ce que diable je pouvais bien faire dessus, ni quelle était l'utilité des divers systèmes qui l'équipaient. Je me sentais comme désincarné. J'étais devenu un Africain qui n'avait jamais pris la mer, dont la surprise à se retrouver à « mon » bord était palpable, et je voyais ce monde nouveau à travers ses yeux. Il m'a fallu un bon quart d'heure pour reprendre possession, non seulement de mes moyens mais aussi de ma propre personnalité qui, j'en restais persuadé, avait été chassée par l'esprit de cet Africain. Il avait profité de mon épuisement et de mon absence de résistance pour s'installer, comme un bernard-l'ermite dans une coquille vide.

Cette expérience m'inquiéta tant que je décidai de ne plus dormir du tout avant la fin de la course. Heureusement, Newport n'était plus qu'à vingt-quatre heures, et grâce à la tension liée à l'approche de la terre, je pus franchir la ligne sans avoir permis à mon visiteur indésirable de m'envahir à nouveau... Sinon, aurait-il réussi à me chasser de ma coquille ? J'en suis encore à me poser la question... Il ne doit pas être trop difficile de rendre fou quelqu'un en le privant de sommeil ! Ayant approché ces territoires obscurs, et restant convaincu que bien des phénomènes nous échappent hors de notre fonctionnement « normal », j'ai donc décidé que mon entrée dans le Pacifique coïnciderait avec des phases de repos plus importantes.

25 décembre – trente-troisième jour

Le vent entame une escalade sur l'échelle de Beaufort alors que je viens de parcourir quatre cent quatre-vingts milles sur le fond, mais seulement quatre cent dix sur la route. Ceci en raison de l'empannage qui me permet de remettre le cap au sud-est, à 120°, composant avec une forte houle qui ne favorise pas forcément la vitesse. Je suis resté hier plus de dix heures à la barre, et me suis vu contraint d'effectuer pas mal de manœuvres à l'avant, pour cause de vents capricieux. Je me sens fatigué et guette avec vigilance le moindre signe qui trahirait un manque de lucidité. Ce n'est pas le premier Noël que je passe en mer loin de ma famille, mais celui-ci me trouve particulièrement vulnérable, sûrement à cause des conditions extrêmes qui règnent ici. L'impossibilité de joindre mes proches, le réseau téléphonique étant saturé, n'aide pas non plus. Pas plus d'ailleurs que le décalage horaire, qui atteint maintenant douze heures, puisque je suis aux antipodes.

La découverte d'une boîte cachée dans les fonds du

bateau me fera retrouver le sourire : il y a là, parmi les petits cadeaux, une branche de sapin qui a conservé son beau vert hérité de la forêt ! La mer qui a grossi ne rend pas le repas de réveillon très convivial. Malgré les trois ris, *IDEC* s'emballe à vingt-neuf nœuds dans les descentes avant de s'enfoncer sans délicatesse aucune dans un coin de vague... arrêt sur image pendant que je sauve mon assiette et que le reste valdingue par terre. Arc-bouté, tendu, je tâche alors d'ingurgiter le peu de nourriture que j'ai pu sauver, avant le prochain arrêt-buffet ! Dehors, ce ne sont qu'explosions suivies de chutes d'eau sur le pont lorsque le bras arrière a rempli son office de grand faucheur. Cette image lugubre ne traduit pourtant pas fidèlement mon état d'esprit face à cette violence presque... grandiose. Car dans sa colère, l'océan est si majestueux que j'aurais mauvaise grâce à me plaindre. Les crêtes blanches qui s'envolent autour du trimaran constituent un tableau d'une force incroyable, et à l'abri du *dog house*, je contemple ce spectacle éternel.

Je ne cesse de m'émerveiller devant cette immensité si vivante dont les pulsations finissent par me regonfler le moral. Cela aura été âpre, mais ma progression dans l'Indien aura été meilleure que ce que j'aurais pu prévoir... Et un motif de satisfaction en appelant un autre, je prends soudain conscience que l'océan que je viens de traverser ne porte pas les traces de « corruption » humaine trop souvent visibles sur nos côtes en Europe. Les milliers de milles alignés sans voir un détritus sur la mer, dans la pureté de l'eau et du ciel, me donnent un grand espoir pour l'avenir de notre planète. À trop connaître nos littoraux parfois pollués, on pourrait se décourager, trouver qu'il est trop tard pour faire quelque chose. Mais les grands espaces du Sud restent tels que la mer les a créés il y a des millénaires, et montrent la réalité de la petite planète bleue sur laquelle nous sommes : sa beauté est saisissante, et elle mérite bien que nous mobilisions toutes nos volontés pour la préserver ainsi. Elle est l'avenir de l'humanité, liée à toutes les espèces marines et terrestres. Et lorsque enfin j'arriverai à joindre mes enfants au téléphone, c'est le vœu de Noël que je leur souhaiterai, en leur parlant des dauphins qui accompagnent joyeusement le trimaran, et des grands oiseaux du large. Ce sont nos enfants qui vont continuer l'entretien du grand jardin que nous leur laissons. S'ils ont envie de le rendre plus beau et de se comporter mieux que nous ne l'avons fait, ils réussiront, car toute la force du monde est dans les enfants !

26 décembre – trente-quatrième jour

Le sud de la Tasmanie n'est qu'à vingt-cinq milles, mais son relief élevé reste invisible. L'océan Indien n'a pas été aussi méchant qu'il aurait pu l'être... Ceci est en partie à mettre au crédit du potentiel de vitesse de mon trimaran, qui a permis d'éviter bien des mauvais coups. Je passe en bordure sud du plateau continental tasmanien, de manière à éviter que la houle, déjà forte, ne soit contrariée par la remontée du relief sous-marin. Le phare de South West Cape est à vingt-huit milles par le travers, caché par les grains. L'ambiance reste musclée, le vent souffle un bon force 8 à 9 et prend encore de la puissance à cause du relief. La mer devient plus dure, et j'espère que ça se calmera un peu une fois en mer de Tasmanie... Je suis dans mon trente-quatrième jour de mer, par 44° 44′ de latitude sud et 148° 31′ de longitude est, sous trois ris et tourmentin, et le grand trimaran n'en finit pas d'avaler les milles. Treize mille deux cents nautiques* parcourus en route directe, seize milles au loch* : *IDEC* est vraiment un bon bateau qui aime le vent portant, et les distances parcourues font espérer un tour du monde en moins de quatre-vingts jours. Je reste naturellement discret sur la question, un peu par superstition, mais surtout pour que cela ne devienne pas un motif de « pression », quelque chose que l'on attendrait désormais forcément de moi. Reste que le roman de Jules Verne est à bord – appelons cela un faux hasard – et je me souviens qu'il avait porté chance à Bruno Peyron et son équipage, lorsqu'ils s'étaient attaqués avec succès à cette barrière mythique en 1993. Personne n'avait alors tourné autour du globe à la voile en moins de quatre-vingts jours, et le pari insensé des cinq gaillards de *Commodore Explorer* n'avait pas tardé à susciter des vocations. Je ne peux m'empêcher de penser que les divers récits qu'ont pu me faire certains « julevernistes » ont contribué à me faire larguer les amarres, à me donner envie de venir voir par moi-même ces latitudes hostiles.

Quant à savoir si je dois ou non abaisser mon objectif initial de dix jours... Le rêve est là, bien sûr, mais aussi la conscience de ma vulnérabilité devant les difficultés qui restent sur la route : j'ai l'impression d'être une petite souris qui essaie d'attraper un morceau de fromage en équilibre sur un piège... attention à ne pas le déclencher ! Le cap est mis au 110°, vers le sud de la Nouvelle-Zélande, située à moins de neuf cents milles. La mer déferle pas mal, le bateau part au surf de manière impressionnante, mais globalement les conditions sont plus maniables qu'hier – la grande houle vient sur l'arrière depuis que je me suis recalé en termes de cap, et j'y gagne en sécurité. Concentré sur ma stratégie et accaparé par la bonne marche du bateau, j'en ai en revanche négligé mon boulot de maintenance... J'ai notamment oublié de bloquer l'éolienne pendant le coup de vent, et elle ne charge plus, l'excès de production électrique ayant grillé le fil d'alimentation. Encore une chose à réparer quand le temps sera plus clément.

Coup de fil avec VDH[1] qui approche en sens inverse : je lui propose d'échanger mes deux flotteurs contre sa bonne quille en plomb dans le mauvais temps. Mais il est en train d'affronter un coup de vent debout et en a bien trop besoin pour le moment ! Nous espérons nous croiser vers le 1er janvier et, si le temps le permet, nous approcher à vue et faire quelques photos de nos bateaux respectifs. Les images qui passent à la télévision ne donnent jamais une vision très juste des choses, tout simplement parce qu'elles ne sont jamais prises réellement au large, et nos clichés d'amateurs pourraient approcher la vérité de plus près. Mais surtout, je serais content de saluer le grand barbu qui s'est aussi bien adapté aux mers du Sud que les albatros ! Savoir que nous sommes à peu près seuls à naviguer à la voile dans les parages en ce moment m'amuse, tout en étant finalement assez vertigineux... Nos courtes conversations téléphoniques épisodiques n'en sont que plus agréables et, bien que cela soit quelque peu illusoire, me font me sentir moins seul sur l'océan !

28 décembre – trente-sixième jour

Le vent venant de l'arrière m'oblige à tirer des bords de portant, et le dernier empannage a été calculé pour passer à ras d'Auckland Island, au sud de la Nouvelle-Zélande. C'est pour moi une vraie fête de voir la haute

1. Jean-Luc Van Den Heede.

silhouette découpée de l'île apparaître devant l'étrave, alors que la proximité du plateau continental fait enfler la houle d'ouest. Comme prévu, ma dernière manœuvre m'amène presque à frôler le rivage, deux heures avant la tombée de la nuit, accompagné de centaines de puffins, canards et albatros en pêche sur les hauts-fonds. Enfin du vert qui habille les reliefs sauvages ! Les arbres ont bien du mal à pousser, et il semble n'y avoir que de l'herbe. La carte me montre de belles criques profondes, l'une s'appelant Erebus, l'autre Terror, du nom des célèbres navires qui ont eu la primeur de faire escale sur ces terres. Qu'il serait bon de les imiter et de faire une rapide révision avant de reprendre le large ! Aucune construction n'est visible, et je suppose qu'Auckland Island est inhabitée. Les îles disparaissent dans le soleil couchant, et *IDEC* quitte maintenant la mer de Tasmanie pour entrer dans le vif du Pacifique... Mon troisième océan depuis le départ de Brest.

29 décembre – antéméridien

Encore de bons milles engrangés, et par 51° 28′ sud et 173° ouest, l'antéméridien est tout près... Après ce passage des 180° de longitude, chaque mètre parcouru me rapprochera – du moins je l'espère ! – de la Bretagne. Le vent s'est calmé, il reste un gentil force 5, ce qui me permet de renvoyer la grand-voile en entier, et le Solent à l'avant. La mer ne freine plus l'élan de mon coursier, qui donne sa pleine mesure, alors que je jubile littéralement, profitant de cette conjonction idéale entre vent et vagues... Mais soudain, c'est la consternation. Les deux cent vingts mètres carrés de la grand-voile s'écroulent sous mes yeux, entre les deux *lazy-jacks**, sur la bôme.

La drisse est restée en tête de mât, alors que la pièce en Inox de vingt-cinq millimètres de diamètre qui relie la têtière* à la poulie est rompue. C'est la tuile, et j'aurais été mieux inspiré de réviser gréement et voiles en m'arrêtant à Auckland Island plutôt que de naviguer à vingt nœuds cette nuit. La houle est forte, et j'imagine, dans un premier temps, retourner me mettre à l'abri de l'île ou de la Nouvelle-Zélande pour pouvoir monter au mât en sécurité et redescendre cette drisse. Mais, sans grand-voile, il faudrait des jours pour refaire vent debout le chemin parcouru cette nuit au portant. Le trimaran, sous Solent bordé plat, descend les vagues à dix nœuds et ses mouvements paraissent suffisamment atténués pour tenter l'escalade des trente-deux mètres de mât.

J'ai besoin de plus d'une heure pour tout préparer : raidir à fond le bout qui sert à monter, laisser un des deux brins de la drisse de gennaker mou, tandis que l'autre est tendu au maximum pour me servir de main courante pendant l'ascension. Le harnais de montagne est rodé, car il m'a servi des dizaines de fois pour me hisser au sommet de l'espar lorsque nous préparions le bateau à La Trinité – qu'il se soit agi d'installer l'enrouleur ou de changer les axes de mât. Je connais le chemin, mais c'est une autre affaire par 52° sud dans la houle du Pacifique, et si les quinze premiers mètres se passent bien, la suite est de plus en plus sauvage. De brusques mouvements de rappel m'écartent du mât pour m'y projeter à nouveau sans ménagement. Je poursuis mon escalade, sachant qu'ici encore le droit à l'erreur m'est tout bonnement refusé. Toute chute serait sans rémission, et chaque geste doit être mesuré. Enfin, je peux m'assurer en tête de mât et, pendant son mouvement pendulaire, amarrer le messager : lorsque l'on arrive en bout de course, le choc du rappel est si violent que les quatre membres sont nécessaires pour ne pas être arraché du profil. Je m'agrippe comme un beau diable, et tâche de protéger ma tête d'une rencontre fortuite avec la surface en carbone... Un KO à cette hauteur, en plein Pacifique, n'arrangerait pas mes affaires. Enfin, un huit en aluminium pris sur la drisse de gennaker permet de freiner la descente. Elle est plus rapide que l'ascension, mais encore plus dangereuse, du fait d'un maintien plus aléatoire. Malgré mes précautions, je cogne fortement contre l'espar à plusieurs reprises et manque de partir « en vrille », au risque de rester suspendu à mi-mât, sans connaissance. Une fois en bas, je reste allongé un bon moment sur le pont avant de pouvoir redescendre la drisse vagabonde à l'aide du messager et remplacer l'anneau en Inox brisé par de bonnes manilles haute résistance, associées à de solides bouts en Spectra. Épuisé, je renvoie la toile au ralenti, avec la joie d'avoir surmonté une grosse difficulté !

Cinq heures ont été nécessaires pour mener cette opération à terme – et par bonheur, j'avais pu accumuler un peu de repos avant cette mésaventure, car il m'a fallu solliciter mes réserves d'énergie pour achever cette réparation de haut vol. À la dépense physique s'ajoute le stress lié à cette manœuvre particulière, et la fatigue nerveuse est loin d'être un facteur négligeable. Je me sens bien cabossé, et mon petit doigt a été écrasé dans la bagarre, mais je m'en tire finalement sans trop de blessures. L'ampleur du sillage me dit que les vingt nœuds sont de nouveau d'actualité : pour cela, nul besoin de consulter le speedomètre. Je suis, depuis déjà un certain temps, en phase avec mon bateau et sais décrypter les signaux qu'il m'envoie, à force de l'avoir écouté et tenté de le comprendre. Ma journée n'en finit pas, avec deux empannages et un envoi de petit gennaker qui m'autorise à poursuivre ma descente, après avoir infléchi ma route de 10°... Je fais désormais cap au 120°. En fait de journée interminable, on ne fait pas mieux, puisque le 180° de longitude est franchi : c'est donc la ligne de changement de date, ou antéméridien, et ce lundi va durer quarante-huit heures ! Il est réellement troublant de vivre deux fois la même journée. Mais en lecteur de Jules Verne, je ne suis pas sans savoir que le héros du *Tour du monde en quatre-vingts jours* remporte son pari précisément grâce à ce jour supplémentaire ! Le signe semble clair, pour le moins.

Me trouvant, par 52° sud, sous la limite théorique au-delà de laquelle le risque de rencontrer des glaces est attesté, je redouble d'attention et prends place dans ma niche pour assurer une veille... L'éolienne étant désormais remise en route, je peux en outre compter sur les services du radar qu'elle alimente en électricité. D'après les *Pilot Charts**, des glaçons dérivants peuvent frayer dans les environs, mais après en avoir parlé avec Jean-Luc Van Den Heede, j'estime que ce risque est limité. Comme il me le confirme, de mémoire de coureur de Vendée Globe la zone dans laquelle je me trouve n'est pas minée, loin s'en faut. En revanche, vers les 130° ouest et à la même latitude, c'est une autre histoire... Seul à bord, je remonterai vers le nord quand je serai parvenu à cette longitude, n'ayant aucune envie d'entamer une partie de roulette russe.

Mardi 30 décembre – trente-neuvième jour

Les champs de vent signalent un risque de calme au sud, et il semble possible de l'éviter en piquant dans le centre d'une dépression peu active. Il ne s'agirait plus de continuer à descendre les degrés de latitude, mais de faire de l'est, la cellule anticyclonique se contournant par le nord. La Nouvelle-Zélande semble être un nid de dépressions en gestation... Certaines vont se combler sur place et d'autres prennent le chemin du cap Horn, en se creusant de plus en plus au fur et à mesure de leur progression. Cela doit rendre la prévision bien aléatoire, et douze heures plus tard, lorsque tombe le nouveau champ de vent, tout est différent : la dépression n'a pas assez progressé et cela va prendre plus de temps que prévu pour passer du bon côté. Impossible de faire marche arrière, je me suis trop engagé dans cette option ! Continuons, en espérant que si le déplacement est imprévisible, il ne me sera pas trop défavorable. L'observation de la rotation des vents autour du centre me fait malheureusement vite comprendre que les choses prennent une bien vilaine tournure.

Plus au sud, où était prévue une zone de calmes, un vent de nord-ouest semble vouloir s'établir convenablement. Il affiche une vitesse de quinze nœuds sur les derniers fichiers, mais plus possible de le rejoindre : il faut tricoter vent debout sur le cinquantième parallèle. Je ronge mon frein, et l'année 2003, qui s'achève dans quelques heures, m'a l'air de refuser l'obstacle, de traîner en longueur ! Je passe une journée sinistre à batailler contre un vent instable en force comme en direction. Dix virements de bord se succèdent, ainsi que des changements de voile d'avant – la valse du Solent et de la trinquette, à me donner le tournis. Puis, calme plat dans du clapot haché... Un centre dépressionnaire quoi... Cent soixante-dix milles parcourus, mais à trente degrés de la route. Un vrai calme va suivre, et ça, c'est encore moins drôle. Mon humeur s'en ressent considérablement, car

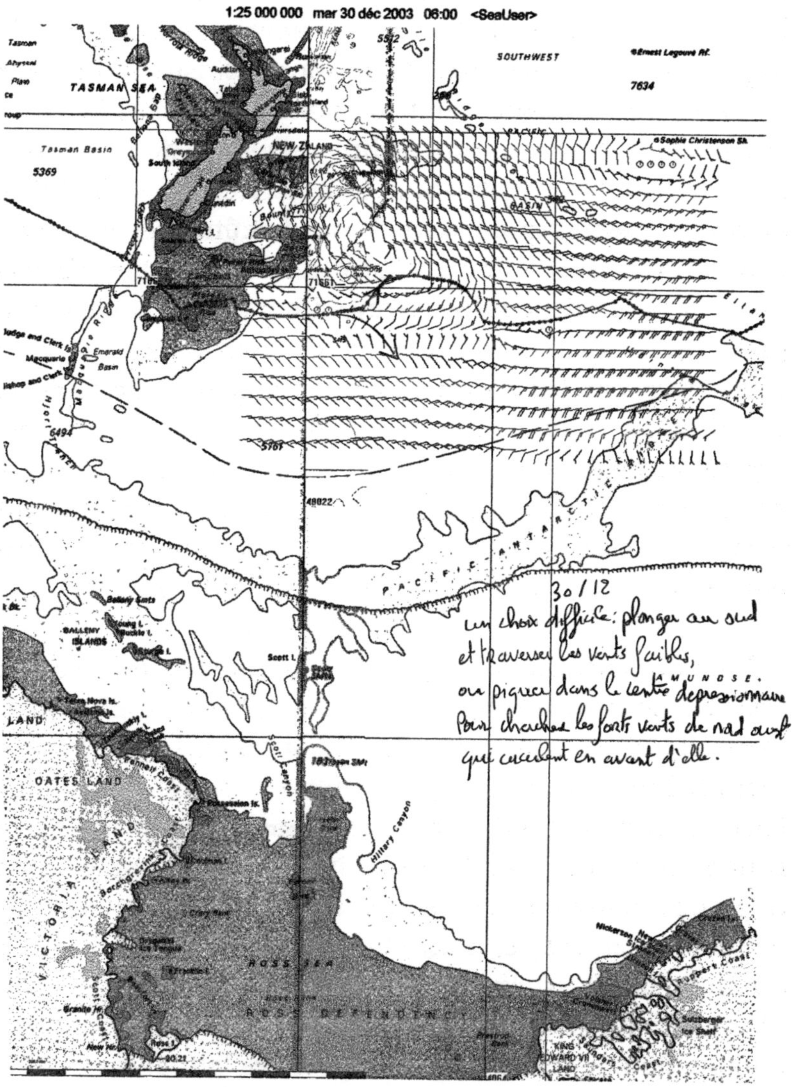
1:25 000 000 mar 30 déc 2003 06:00 <SeaUser>
TASMAN SEA
Tasman Basin
5369
NEW ZEALAND
SOUTHWEST
7634
5512
Emerald Basin
6494
5761
48022
PACIFIC ANTARCTIC
BALLENY ISLANDS
Scott I.
LAND
OATES LAND
VICTORIA LAND
ROSS SEA
Hillary Canyon
KING EDWARD VII LAND
30/12
un choix difficile : plonger au sud
et traverser les vents faibles,
ou piquer dans le centre dépressionnaire
pour chercher les forts vents de nord ouest
qui circulent en avant d'elle.

si d'ordinaire je déteste me traîner, je peux néanmoins accepter de subir le manque de vent chronique à certains endroits : ici, ce n'est pas le cas, je paie une erreur stratégique, point à la ligne. *IDEC* flirte au mieux avec les trois nœuds de vitesse, les voiles faseyent et s'usent au gré de la houle. Je m'en veux énormément de ce loupé météo, et si c'est le premier depuis Brest, j'essaie de l'analyser pour en trouver l'explication. J'aurais déjà dû, selon mes prévisions, attraper du vent de nord et être lancé à vingt nœuds. Seulement, là, le centre dépressionnaire gagne sur moi et je ne fais qu'avancer en même temps que lui...

La situation est complètement ingérable, sans issue immédiate : selon le bord, je fais cap à 33° ou à 140°. Certes, le petit temps m'a permis de pas mal bricoler à bord ; nerveusement cependant je suis mis à rude épreuve, ayant énormément de mal à me décontracter lorsque le bateau n'avance pas. Je sors un champ de vent toutes les six heures, mais la situation est vraiment tordue, et les modèles ne cessent de se contredire. Dans le pire des cas, je ne redémarrerai que dans vingt-quatre heures ! Et pour couronner le tout, il pleut. Tout est poisseux d'humidité à bord. Je me refuse pourtant à puiser dans mes réserves de vêtements secs que je conserve précieusement pour le « vrai » mauvais temps. Les albatros, comme les voiliers, ne peuvent voler lorsqu'il n'y a ni vent ni houle, et l'un d'eux est posé sur l'eau, à attendre lui aussi le retour du zéphyr. Le gros de sa troupe a filé sans demander son reste, il est le seul à faire preuve de solidarité envers moi ! Ces aléas m'ont fait manquer le rendez-vous espéré avec VDH, car deux cents milles nous séparent au moment où nous sommes sur la même longitude. Jean-Luc continue sa route au près, tandis que je finis de m'extirper de la pétole. Faute d'avoir pu le voir, mes pensées l'accompagneront chaque fois qu'un nouvel épisode de mauvais temps viendra à croiser sa route.

Mais voilà que les étraves de mon navire frémissent à nouveau ! La dépression s'est enfin suffisamment déplacée pour que le vent revienne au portant et qu'*IDEC* retrouve ses ailes. Oh, bonheur d'avancer enfin ! Comme pour fêter l'événement, deux grands cachalots viennent saluer le trimaran rouge, en se manifestant au loin par des souffles puissants et en sortant à trente mètres, pour sonder ensuite à son approche. Il est minuit en France, où l'on vient à peine de basculer en 2004, lorsque ces géants des profondeurs me rendent visite...

Au lever du jour, j'ai trouvé de drôles de petites crevettes échouées sur le pont par centaines. Je ne serais pas étonné que les cétacés soient venus jusqu'ici pour les déguster. Peut-être est-ce du krill ? Les colonnes d'eau m'accompagnent un bon moment et resteront visibles à plus d'un mille. Ce sont elles qui trahissaient ces grands animaux du temps de Moby Dick, les rendant facilement repérables par les baleiniers. Le fait est que ces jets culminent à vingt ou trente mètres de haut. Je ne suis pas mécontent d'avoir réussi à capturer l'instant, car il est très difficile de prendre un cachalot en photo, sachant qu'il n'émerge que deux à trois secondes. Dehors, le ciel oscille entre brume et soleil, et c'est bien plaisant après la pluie... Deux cent quinze milles ont été parcourus en vingt-quatre heures et, étant donné les conditions, c'est correct.

1er janvier – quarante et unième jour

VDH m'envoie un mail : il a vu deux icebergs de bonne taille par 54° 30′ et 179°, et a mis son monocoque en alerte rouge. À cette longitude, *IDEC* est passé par 53° sud, soit à moins de cent milles au nord. Il me faut être très prudent car j'approche d'une zone où les îles de glace remontent loin en latitude, et la brume froide d'aujourd'hui pourrait bien en cacher... On dit que la glace a une odeur, et rien que d'y penser, je crois la sentir, alors que la visibilité n'excède pas cent mètres. Fatigue et brouillard font mauvais ménage, et j'imagine voir les bancs de coton percés par les étraves se transformer en glace dure où elles viendraient se fracasser. Il ne sert cependant à rien de garder les yeux écarquillés, je dois faire confiance au radar et rester optimiste... Le thermomètre qui me sert à mesurer la température de l'eau indique qu'elle est à sept degrés, tandis que mon petit intérieur tient plutôt du frigo bien réglé. À l'air libre, le beurre est en effet aussi dur que s'il sortait d'un réfrigérateur, et j'en suis personnellement à cinq couches de vêtements polaires ! Il fait cinq degrés dans la cabine.

Le retour du vent à force 5 est un vrai cadeau pour la nouvelle année et permet de faire bonne route au 120° sur le cap Horn. Je n'aurais pu rêver mieux... La tradition du 1er janvier sera respectée, avec un repas exceptionnel : une conserve maison, suivie d'une charlotte aux fraises. C'est le chef-d'œuvre culinaire de ce tour du monde, réalisé avec des fruits lyophilisés, de la crème longue conservation, les boudoirs adéquats et du rhum martiniquais – excusez du peu. Le froid donne grand appétit, ainsi que de barrer sous gennaker, et la consommation de calories doit être doublée par rapport à la vie à terre. Après ce joyeux repas, bien plus délassant que celui de Noël, je ne tarde pas à aller dormir, laissant le bateau, sous grand-voile haute et gennaker, courir seul sur l'océan. Je sais de toute façon que si la vitesse critique – vingt-six nœuds – est dépassée, les vagues percutant le bras arrière m'intimeront l'ordre de me rendre sans attendre sur le pont.

Trois cent soixante-cinq milles parcourus par 52° 18′ sud et 156° 31′ ouest : cette distance, reportée sous forme de point sur la carte du Pacifique, en représente une petite tranche, alors que les positions des jours précédents donnaient l'impression de faire du sur place. Un soulagement.

Du 2 au 5 janvier – du quarante-deuxième au quarante-cinquième jour

Les nuits sont très courtes, éclairées par la voûte lumineuse du ciel étoilé. Elles rendent la « veille aux icebergs » plus facile : j'espère en effet que la silhouette blanche menaçante se découpera sur l'horizon en me laissant le temps de l'éviter. Restent les growlers*, qui peuvent déborder l'iceberg lui-même sur plusieurs milles... Le retour des vents d'ouest, avec parfois force 7, permet de faire à nouveau des journées de cinq cents milles, mais à trente degrés de la route, et je dois empanner aux moments judicieux pour ne pas allonger inutilement celle-ci. Les griffonnages illisibles du livre de bord pour ces jours me rappellent que la période n'a pas été facile... Le propre du marin est de conserver les bons souvenirs et d'oblitérer les mauvais, sans quoi il ne repartirait pas au large. Mais la trace est là, pour dire que la fatigue physique s'est alors accumulée, ainsi que la fatigue nerveuse. À force d'être toujours tendu, prêt à bondir sur le pont pour prévenir un chavirage ou éviter une île de glace imaginaire, toujours à la disposition du trimaran jour après jour, heure après heure et minute après minute. Cette tension continuelle use plus que les manœuvres de voiles ou que les heures de barre, que j'ai d'ailleurs un peu trop accumulées depuis le début de la dépression, au lendemain du jour de l'an : ayant eu plaisir à faire marcher le bateau, je suis resté de longues périodes aux commandes, tout à la joie de dévaler les centaines de mètres d'eau offertes par la longue houle du Pacifique. Je sais que mon état de fatigue du moment est à mettre sur le compte de mon enthousiasme, et je ne tarde pas ensuite à remettre le pilote automatique au boulot ! Mon passage sur cet océan est aussi beau que je l'espérais, mais pour être tout à fait honnête, j'avoue également que je ne serai pas fâché d'atteindre le cap Horn d'ici quelques jours et de sortir du Grand Sud. Je sais être à la merci d'une foule de dangers, et ne ressens pas le besoin de m'attarder en multicoque sous ces latitudes hostiles plus que de raison...

En relisant mes notes, je m'aperçois que des détails auxquels je n'attachais pas d'importance dans l'océan Indien me pèsent : la condensation omniprésente à l'intérieur, doublée d'un stock d'habits mouillés de plus en plus important, rendent le froid difficile à maîtriser. Le ciré trempé est de plus en plus long à enfiler, ainsi que les bottes et les gants, qui ne sèchent plus. Les petites avaries quotidiennes sont toujours plus longues à réparer, et il me faut deux bonnes heures, après avoir observé aux jumelles que le brêlage* de drisse de grand-voile s'est allongé, pour affaler celle-ci, constater qu'il n'y a plus que deux sangles sur trois encore vaillantes, et renvoyer après avoir consolidé le dispositif. Un messager est maintenant systématiquement relié à la drisse de grand-voile afin de pouvoir la redescendre sans avoir à grimper au mât si les dernières sangles de têtière venaient à se rompre. Mais cela complique singulièrement les prises de ris, car le fin cordage s'emmêle dans les lattes de grand-voile et toutes les aspérités du mât. Je l'amarre au mousqueton d'amure du ris en service, pour être sûr de ne pas renvoyer la toile en l'oubliant, ce qui le romprait.

Heureusement, après m'avoir abandonné au passage d'Auckland Island, les oiseaux ont reconstitué leur troupe et je me demande comment de si petites hirondelles de mer arrivent à vivre dans cet univers d'embruns et de crêtes déferlantes, si loin de toute terre. Il existe plusieurs variétés d'albatros, et ceux qui accompagnent *IDEC* dans le Pacifique sont plus grands et ont un plumage plus sombre que celui de leurs cousins de l'océan Indien. Ils sont en revanche tout aussi à l'aise pour planer d'une crête de vague à l'autre, en jouant subtilement sur l'angulation de leurs ailes et en évitant tout battement, consommateur d'énergie... Leur voyage dans le Grand Sud ne se passera bien que s'ils absorbent plus de calories – en se nourrissant de poissons – qu'ils n'en dépensent à se déplacer et à lutter contre le froid. Tout comme le trimaran rouge, il leur est vital d'utiliser le vent au mieux. Leurs ailes constituent le plus efficace et le plus merveilleux des plans de voilure.

L'on pourrait imaginer que nos rustiques gréements de sloop évoluent dans l'avenir pour y ressembler de plus en plus, de même que les plates-formes de multicoque s'inspirent de la biodynamique et du fonctionnement de ces merveilles de légèreté et de force pour être encore plus en harmonie avec la mer qu'ils survolent, et accessoirement gagner courses et records. L'homme a beaucoup à apprendre de l'observation de la nature, que ce soit dans le domaine très pointu de la conception de prototypes ou dans celui de la santé. Et la disparition d'une espèce animale qui nous paraît insignifiante, comme un petit poisson corallien que personne ne connaît, pourrait empêcher de trouver le remède à une épidémie destructrice pour la race humaine, faute d'avoir su préserver la molécule qui sauve ! Malheureusement, l'homme s'éloigne de plus en plus de la nature, oubliant qu'une fois séparé d'elle, il ne sera plus rien.

J'essaie de prendre les albatros en photo, mais avec peu de succès, eu égard à la vitesse de leurs déplacements. Ces grands planeurs doivent affronter les mêmes difficultés que le navigateur à bord d'un voilier au cours de leurs trajets océaniques. Il leur faut résoudre les problèmes de positionnement – savoir où ils sont – et les problèmes de trajectoire – savoir où aller – pour retrouver leur nid situé à des dizaines de milliers de kilomètres. Pour cela, ils utilisent différentes méthodes, la plus simple étant celle mettant en service leurs cinq sens et leur boussole interne, qui utilise la position des étoiles et du soleil, comme nous le faisons avec le sextant. De plus, ils ont un chronomètre physiologique assez précis pour se situer en longitude – il ne leur manque finalement plus qu'un GPS pour être mieux équipés qu'*IDEC* !

6 janvier – quarante-sixième jour

Mon grand oiseau rouge a parcouru quatre cent cinquante milles hier, avec deux contre-bords, et n'est plus qu'à mille six cents milles du cap Horn. Je l'attaque un peu trop au nord, car la bascule me permettant de faire route sur le rocher mythique s'est quelque peu fait attendre... Ma vitesse moyenne point à point sur les trois derniers jours n'a pas dû descendre sous la barre des dix-sept nœuds, et la sanction des chiffres, lorsqu'elle est favorable, ne fait que me renforcer dans ma conviction : tout dixième de nœud est bon à prendre, même si cela implique de fatigantes manœuvres. Le lever du jour me surprend un peu surtoilé, bien que j'aie déjà deux ris dans la grand-voile, alors que la mer est – comme d'habitude dans le Sud – étonnamment puissante par rapport au vent. La bascule au sud-ouest approche, et je n'aime pas beaucoup ce secteur de vent qui, outre une chute de la température, trahit une grande instabilité de l'air. Ce qui signifierait pour moi des grains, amenant *IDEC* à la limite de ses possibilités, ou le laissant sous toilé.

Je me suis fait faucher les jambes par un paquet de mer en allant ramasser la toile « dormante » qui faseye sous le vent, suite à la prise de ris. Belle chute de plusieurs mètres dans le filet, en direction de la poutre arrière, ultime rempart avant le grand saut ! Le port d'un harnais aurait évité de prendre ce risque idiot, mais il y a tant de déplacements à faire entre les manœuvres et les réglages que j'ai tendance à privilégier l'efficacité sur la sécurité lorsque ça se bouscule, et c'est un grand tort. Le fait d'avoir une main pour soi et l'autre pour le bateau n'empêche pas de s'attacher... Un cumulo-nimbus particulièrement actif m'oblige à prendre le troisième ris, et je barre à trente nœuds pour apprécier le soleil qui brille entre les grains et cette mer qui lance quelques rouleaux déferlants impressionnants. Impressionnants mais sans danger pour *IDEC,* qui se déplace à la même vitesse qu'eux. Le jeu est une fois de plus passionnant, mais un grain plus fort va en changer les règles : un vent de quarante-cinq nœuds accompagne une méchante barre noire, et la grêle, habituelle à cette latitude, martèle le pont. Le bateau va trop vite pour repasser aisément sous pilote automatique, et j'essaie de le mettre vent arrière afin de pouvoir rouler le Solent. Mais je n'ai pas le temps de choquer cette voile, que je vois se plisser le long de son guindant* et descendre lentement dans la mer. Inutile de courir à l'avant pour essayer de ralentir sa chute, la toile pèse cent kilos et le vent qui s'y engouffre n'aiderait en rien ! Je dois affaler en catastrophe la grand-voile, dont la drisse est toujours prête à être filée, et mettre la barre sous le vent. Ceci pour éviter que le Solent n'aille se prendre dans la dérive ou le safran, ce qui créerait une situation inextricable, dans cette mer où toute plongée est impossible. Une fois la barre amarrée, je peux aller à l'avant pour analyser les causes de l'avarie : l'émerillon* qui tient le haut de cette voile s'est rompu en deux parties et a permis sa chute. C'est entièrement ma faute, car cette pièce était calculée pour résister à des vents ne dépassant pas trente-cinq nœuds. Je n'ai pas été assez prudent et ai trop tardé à décider de rouler la voile. Mais rien ne sert de pester...

Il faut agir vite, car les cent mètres carrés de tissu à la mer constituent une ancre flottante d'une efficacité redoutable : *IDEC* est arrêté net, travers au vent, et une tension de plusieurs tonnes s'exerce sur la têtière de la voile passée par-dessus la filière bâbord. Celle-ci est très solide, et plutôt que de casser, elle arrache le trépied arrière qui la maintient et tord le balcon avant. La tension s'exerce maintenant sur le filet, qui mollit à son tour. J'imagine dans un premier temps larguer la voile pour éviter qu'elle ne cause d'autres dégâts, mais elle peut être encore bien nécessaire pour remonter au près dans l'Atlantique, et je dois tenter l'impossible pour la hisser de nouveau à bord. Les déplacements sont très difficiles sur le pont, à cause du vent qui n'est plus atténué par la vitesse du bateau et souffle à quarante-cinq nœuds. La grêle continue à sévir, et les mouvements de la plate-forme à sec de toile sont très violents : le bateau ne pouvant plus accompagner la mer, les déferlantes viennent le secouer rudement. Tout l'après-midi sera nécessaire pour ramener la voile à bord, centimètre par centimètre, après l'avoir amarrée par son point de drisse à un cordage en Spectra. J'ai improvisé une poulie au pied de la cadène de hauban au vent, et le winch de pont en troisième vitesse permet de gagner progressivement sur la mer, qui semble tirer avec acharnement de son côté. Quelques jurons bien sentis n'aident pas beaucoup à la manœuvre, mais permettent de libérer les tensions nées de cette situation scabreuse ! La nuit approche, et il faut redoubler d'énergie en saucissonnant le tissu sorti de l'eau au fur et à mesure pour qu'il ne prenne pas le vent. Quatre heures d'efforts, quatre heures passées à l'arrêt... et trois cent cinquante milles parcourus en vingt-quatre heures, là où j'aurais pu facilement en faire cent de plus ! Quel soulagement cependant, quand, à la faveur des dernières lueurs du jour, je peux remettre en route sous trinquette et trois ris.

Sur le pont, c'est un peu Verdun, et j'ai la nette sensation de payer mon tribut au Horn en cassant, comme le veut la « tradition », du matériel. La drisse de grand-voile en a profité pour s'entortiller autour des ferrures d'étai et de l'aérien du radar. Elle est constituée de trois brins, ce qui est très pratique car on peut la changer entièrement à partir du pont, sans monter au mât, mais complique singulièrement les choses lorsqu'elle s'emmêle suffisamment pour passer le brin fautif à l'extérieur des haubans. La grand-voile à trois ris, associée au tourmentin, permet de retrouver une vitesse cible supérieure à vingt nœuds, et je repars dans l'atmosphère de sérénité qui suit généralement les bêtises réparées. Le Solent manquera beaucoup sur le trajet qui reste à faire, mais la voile est à bord, et j'imagine déjà un éventail de bricolages qui me permettront de la renvoyer, sans enrouleur, lorsque cela sera nécessaire. Je laisse le pilote faire son office, et me couche alors qu'*IDEC* taille la route, en plein chaos, droit vers le « cap dur ».

7 janvier – quarante-septième jour

Le réveil est sauvage, après une trop courte nuit. Au lever du jour, une déferlante s'affale sur le pont alors que je suis allongé dans la couchette, à l'intérieur de la cabine. Des dizaines de litres d'eau tombent directement sur ma tête, et je crains un instant que le pont n'ait explosé sous l'impact de la vague. Il n'en est rien, et quelques instants de plus sous cette douche me permettent de comprendre l'origine de la fuite : le support de winch est construit en creux dans le pont et son tuyau d'évacuation rigide, qui sert à se débarrasser du trop-plein, s'est rompu sous le choc de la vague. L'eau accumulée s'engouffre sous pression, et le temps de trouver un bouchon provisoire, toute cette partie de la cabine est trempée : duvet, matelas et réserves de nourriture rangées dans les coffres n'échappent pas à l'inondation. Heureusement, la table à cartes a été préservée, et la fragile électronique n'a pas pris l'humidité. J'ai un sac de couchage de rechange dans un conteneur étanche, et le malheur sera circonscrit avec un seau, une écope et une éponge. L'essentiel est que la structure n'ait pas été endommagée par l'impact ! Ma réparation de fortune sera remplacée par un tuyau souple, prélevé sur l'évent du réservoir du moteur... Je n'ai pas eu le temps de démonter tout le matériel en trop à bord, et c'est parfois bien utile.

Le vent mollit à force 7 dans l'après-midi, et je m'aperçois que pour passer du troisième au deuxième ris sans l'aide du vent renvoyé par le Solent vers l'extrados* de la grand-voile, la manœuvre est beaucoup plus difficile. Les lattes se prennent sous les câbles de bastaque, et il me faut hisser, affaler, border dix fois de suite pour réussir à établir* la toile à temps. La mer est encore forte et, par moments, j'ai l'impression qu'un fou assène de violents coups de masse au pont. Non ! Ce n'est que le passage musclé d'une déferlante... La météo m'annonce encore une dizaine d'heures de mauvais temps, et je sais que je dois conserver un maximum de vitesse, si je ne veux pas subir une autre dépression d'ici à trois jours. Celle-ci s'annonce très creuse, et coïnciderait avec mon passage de la pointe sud du continent américain, qui n'est plus qu'à mille cent milles de mes étraves.

Pas question de me laisser piéger au pied du sinistre caillou, il va me falloir y aller au taquet ! Sans quoi je me retrouverai dans une voie sans issue, incapable de choisir ma latitude du fait de la présence de la terre, et *IDEC* prendra cinquante nœuds de plein fouet, avec en prime la remontée du plateau continental, vagues abruptes au menu. Dans cette hypothèse peu rassurante, la cape serait-elle une solution pour laisser passer le mauvais temps et ne m'engager sur les hauts-fonds que plus tard ? Rien n'est certain, et je n'ai pu réussir à savoir si ce bateau, dans sa version actuelle, a déjà pris la cape par très mauvais temps. Il n'est même pas certain que cette allure soit possible sur le trimaran, à cause de l'impact des déferlantes sur le flotteur au vent. Les cent cinquante mille milles parcourus en trimaran de soixante pieds ne me sont d'aucune utilité dans le cas présent, tout simplement parce que, en Atlantique, je n'ai jamais eu assez mauvais temps pour capeyer, et même par force 10 au près, nous continuions à faire route... Mais chaque bateau est différent, et surtout, le Pacifique sud a une puissance que n'a pas l'Atlantique : la même force de vent ne donnera pas ici la même mer que celle que j'ai pu maintes fois rencontrer lors des diverses transats. Les questions restent donc en suspens, et pour l'heure je ne peux que cravacher, encore et encore, afin d'échapper au gros temps dont je sens parfois le souffle menaçant sur ma nuque.

8 janvier – quarante-huitième jour

Sous deux ris et petite trinquette, à 120° du vent, à la position 53° 08′ sud et 92° ouest, *IDEC* marche fort malgré les grains qui m'obligent à tout affaler épisodiquement, et quatre cent soixante milles ont été parcourus d'après le point du matin. Si la motivation du record n'était pas suffisante pour aller à fond, j'en ai trouvé une autre avec cette tempête qui se rapproche... Le cap Horn est à huit cents milles, ma porte de sortie est à moins de deux jours de mer ! Cet après-midi est consacré à établir le gennaker de grosse brise, dont la surface est à peine plus importante que celle du Solent défaillant. J'avais auparavant essayé cette voile avec les copains, par beau temps en baie de Quiberon (conditions qui me semblent bien lointaines aujourd'hui !), et ce test s'était révélé tout à fait positif... Il nous avait suffi de gréer un petit tambour non loin de l'étrave pour faciliter les manœuvres. Il en est tout autrement aujourd'hui, et l'envoi se passe si mal que le bout s'enroule le long du guindant, ce qui me contraint à tout affaler à la volée sous le vent de la grand-voile, au risque de voir passer mon gennaker à l'eau. Après l'épisode du Solent, je suis pour le moins échaudé. Ma toile s'est déchirée sur dix centimètres dans la bagarre, et après démêlage, réparation et positionnement différent du tambour, elle daigne enfin prendre forme et faire accélérer le multicoque. La recherche du bon point de tire sera encore l'occasion de quelques douches, en allant au flotteur sous le vent. La combinaison étanche ne l'est plus du tout : c'est le troisième jeu de vêtements mouillés depuis hier.

9 janvier – quarante-neuvième jour

Le cap Horn n'est plus qu'à quatre cents milles, et à regarder la carte, je trouve que la silhouette de l'Amérique du Sud avec ses contreforts andins est bien élégante – surtout comparée à la masse lourdaude de sa voisine, l'Amérique du Nord. L'Amérique latine est pareille à une montagne pointue, dont le sommet serait le cap Horn, et tout comme le montagnard doit gagner en altitude, le marin doit progresser en latitude... Le froid augmente au fur et à mesure dans les deux cas. Le risque de mauvais temps également, et les quadrillages par zones des *Pilot Charts*, bien utiles pour toutes les informations statistiques en mer, annoncent 24 % de coups de vent pour le cap et ses environs. Soit près de quatre-vingt-dix jours par an, un chiffre éloquent ! Les doutes du montagnard seront aussi ceux du marin : vaut-il mieux aller le plus vite possible au sommet sans prendre toutes les précautions nécessaires, ou faire une approche prudente, mais longue, qui laisserait alors plus de temps aux mauvaises conditions pour s'installer ?

Le marin ne va pas tarder à trancher. J'irai à fond pour en finir le plus vite possible avec le Pacifique, mais également parce qu'un record, c'est un record. Simple, net, mais pas sans conséquences. Car la mer ne va pas manquer de réclamer son tribut face à une attitude aussi cavalière, et un vent de panique va souffler à bord. Alors que la nuit approche, je me trouve à la barre d'*IDEC*, qui est généreusement toilé, sous un ris et gennaker de tempête. Le vent forcit un peu plus tôt que ce à quoi je m'attendais, bien qu'il y ait déjà eu plusieurs grains dans l'après-midi... Je les ai encaissés en abattant un peu plus, et je compte faire de même avant de pouvoir passer sous trinquette pour la nuit. Mais manifestement, je suis bien le seul à tabler sur ce déroulement, car au lieu de suivre une pente décroissante, l'anémomètre grimpe – trente-cinq puis quarante nœuds. Je n'ai que le temps de prendre un second ris, tout en sachant que je suis en train de me piéger : sans le dévent de la grand-voile, mon gennaker de tempête est quasiment impossible à affaler. En outre, la vitesse excessive fait enfourner l'avant du trimaran et, inquiétude supplémentaire, je vais devoir empanner d'ici peu, sous peine d'attaquer la cordillère des Andes qui s'approche à chaque minute !

C'est elle qui, j'en prends conscience maintenant, provoque cette accélération du vent de nord-ouest, et l'heure qui vient de s'écouler m'en a trop rapproché. J'imagine déjà un tableau des plus alarmants. Mon gennaker explosé, ses morceaux claquant au vent, ébranlant le gréement en refusant de se laisser rouler – comme ce fut le cas hier – et enfin démâtage au vent de la côte. Une vision de cauchemar ! Et c'est avec une énergie décuplée que je mate la toile rebelle, au winch, en première vitesse (celle qui réclame le plus de force), et me précipite pour l'affaler avant que ses poches mal serrées ne reprennent définitivement le vent. L'ambiance est à la survie, mais tout se termine bien, au cœur de la nuit qui est tout à fait tombée et ne laisse deviner la masse montagneuse si proche que par l'accélération vélique qu'elle engendre.

Il m'est enfin possible d'empanner et de faire un point : je suis à neuf milles des îles Hoste, soit à vingt minutes de route seulement. Le moment est largement venu de placer mon approche du Horn sous le signe de la prudence... Cap est mis sur les îles Idelfonso, sous trinquette seule, le temps de ranger le champ de bataille et d'aller dormir un peu. La noirceur des nuits fuégiennes, narrées par Francisco Coloane dans *Tierra del fuego*, m'empêche de voir la côte, bien que je sois par 55° 40′ sud, latitude à laquelle la luminosité devrait être meilleure. Je longe la cordillère des Andes d'assez près toute la nuit, mais n'aperçois aucune lumière à terre : il ne semble y avoir ni village, ni habitant dans cette région, réputée pour être l'une des plus inhospitalières de la planète. Seuls les Indiens patagons, alacalufes ou yagans avaient une constitution assez robuste pour s'adapter au rude climat et à l'austérité de ces grandes étendues sauvages. Ils ont été exterminés par les propriétaires des troupeaux venus s'installer en Patagonie et Terre de Feu à la fin du dix-neuvième siècle. Même les Onas, peuplade de navigateurs qui osait s'aventurer sur les océans les plus hostiles, ont maintenant disparu.

10 janvier – cinquantième jour

Quatre heures. Le jour se lève presque... brusquement, d'un coup de projecteur qui éclaire les sommets enneigés de la cordillère des Andes. Vision étonnante, qui laisse imaginer que la mer aux crêtes déferlantes s'est figée dans le lointain, en vagues aiguës de centaines de mètres de hauteur. Les premiers rayons de soleil se glissent sous la couche nuageuse. Au fur et à mesure de l'approche, le levant précise la beauté de ce paysage extraordinaire, figé hors du temps, alors qu'une masse sombre grandit devant l'étrave. Elle est si imposante qu'il n'est pas possible de se tromper : le cap Horn est là. Le vent vient de terre et me permet de passer à cinq cents mètres, juste avant que le plafond de stratus ne se referme. Je suis saisi par la beauté environnante, et me sens particulièrement privilégié... Pouvoir ainsi, pour un premier passage, profiter pleinement de l'instant car les conditions me l'autorisent, c'est inespéré. Ce moment, étrangement paisible après la nuit que je viens de passer, et eu égard aux us et coutumes du Horn, me permet d'évoquer tous les marins et les bateaux qui ont affronté cet ultime obstacle avant de pouvoir remonter en latitude. La légende dit que le hurlement sinistre du vent qui se fait entendre ici n'est que l'écho, lugubre, des cris des marins qui ont péri noyés au pied du rocher. Combien de clippers, de navires de pêche, de simples caboteurs se sont fracassés sur ces cailloux noirs ? Certains bateaux, ayant tenté pendant plusieurs semaines un passage de l'Atlantique vers le Pacifique contre les vents d'ouest, auraient, dit-on, trouvé plus avantageux de rebrousser chemin et de faire route sur Bonne-Espérance et l'Indien... Juste après avoir contemplé le cap lui-même, falaise abrupte qui tombe à pic dans la mer, et la partie basse de l'île Horn, moins sévère avec son phare sur une colline verte, je vois la pluie se mettre à tomber en rideaux serrés. Le vent de nord-nord-ouest est dévié par les sommets et son souffle augmente à chaque instant – *IDEC* se retrouve au près, je dois prendre trois ris et affaler la petite trinquette. Le signal est assez clair : la séance contemplative est terminée ! En réalité, je ne subis désormais plus le dévent de la terre, et m'aperçois bien vite que les instants de grâce que la mer m'a offerts au cap sont choses du passé : il me faut à nouveau adopter le mode « survie ». Car une fois passée la protection des derniers îlots recouverts de guano, la mer devient chaotique, alors que cap est mis sur l'île des États. Ce n'est pas le moment de boire le champagne espéré pour honorer les dieux de la mer, il s'agit plutôt d'aller voir si le matériel tient le choc : le trimaran n'a pas connu de près depuis trente-cinq jours, et les efforts sont différents à cette allure. Si une pièce du gréement ou de la structure doit lâcher, c'est maintenant, et j'ai l'œil rivé sur tous les points qui pourraient s'avérer critiques. Je reçois également un message de VDH, qui me signale avoir trouvé sur l'une de ses boîtes de corned-beef l'inscription suivante : « Petite impatience ruine grand projet », ce qui correspond parfaitement à mon état d'esprit du moment, et conforte mon désir de vigilance. Alors que le plus dur est fait – même si la remontée de l'Atlantique peut se révéler pénible – perdre le mât ici serait cruel...

Le vent est très indécis et m'oblige à de nombreuses manœuvres, mais il finit par adonner, me permettant ainsi de renvoyer la trinquette. Au soir, l'île des États apparaît alors que le soleil est de retour, et nous passons tout près de la pointe où se situe le phare du bout du monde, qui a inspiré Jules Verne. Encore un paysage extraordinaire, avec ses sommets déchiquetés, dont l'un est enneigé. Depuis deux ou trois jours, je ressens un certain soulagement, correspondant précisément à la proximité des terres, si désolées soient-elles. Après avoir été si exilé, si loin de tout, le simple fait d'apercevoir les côtes est réconfortant. Des bancs d'algues dérivants m'obligent à changer de direction à chaque instant, pour ne pas entraver les appendices, et d'innombrables oiseaux de mer volent et plongent tout autour au milieu de ces amas flottants pour y pêcher leur repas. Le cap doit être maintenant mis au nord, mais le vent est fou, dévié par les reliefs, il change de force et de direction sans prévenir, et surtout, dans le prolongement de l'île, la houle qui s'oppose à son souffle mais aussi au courant déferle, infranchissable... Il faut longer cette véritable barre pendant trente milles, cap à l'est, avant de pouvoir orienter les étraves sur les îles Malouines, et l'Europe qui se dessine sur les cartes, à sept mille milles de là. Je me rapproche !

11 janvier – cinquante et unième jour

Seulement vingt-quatre heures après mon passage du Horn, la température de la mer est remontée à huit degrés, l'air est moins froid et le baromètre a grimpé de quinze millibars. Sûrement l'influence du continent, qui a dû dévier le coup de vent prévu – car hier encore, je m'attendais à devoir affronter une grosse dépression et à me débattre au moins trente-six heures dans du très mauvais temps. Celui-ci n'est pas arrivé, je ne m'en porte pas plus mal, et l'approche des Malouines se fait à grande vitesse, sur une mer assez ordonnée. Je passerai trente milles sous le vent de Port Stanley, la capitale de l'archipel, mais n'en verrai aucun sommet malgré le ciel clair et ensoleillé. Seule l'accélération du vent jusqu'à force 8 au sud de l'île puis le ralentissement à force 4 au nord me confirment qu'il y a bien une terre au vent.

Les grandes algues flottantes, parmi lesquelles les oiseaux des îles viennent chercher leur pitance, attestent également la proximité des côtes. J'aurais bien aimé en voir plus, et la carte marine qui dessine des fjords échancrés laisse imaginer un milieu exceptionnel. Mais je crains le dévent lié au relief et n'ose m'approcher davantage. L'horizon sera donc fait des couleurs de la mer et du ciel jusqu'à la pointe du Finistère, et aucune autre île ne se présentera sur ma route, ni Trinidad Martin Vaz, ni Fernando da Noronha, ni même les Açores. Auckland Island et la pointe sud du continent américain resteront donc mes seuls véritables souvenirs côtiers, ceci pour l'ensemble de ma circumnavigation ! Visions rares, et donc précieuses – mon envie de revenir y naviguer n'en sera que plus intense.

12 janvier – cinquante-deuxième jour

De portant, le vent est revenu au travers pendant la nuit, et la houle s'est bien calmée. Sous trinquette et grand-voile à un ris, la vitesse oscille entre quinze et vingt-deux nœuds, et quatre cent vingt milles ont été parcourus en vingt-quatre heures. Stratégiquement, cette journée est décisive et sera placée sous le signe de l'hésitation. Partir sur la route habituelle, qui fait approcher de l'anticyclone de Sainte-Hélène et attraper l'alizé d'est, puis sud-est ? Ou prendre en compte la situation ponctuelle, qui laisse apparaître une route au portant, en restant près de la côte jusqu'au Cabo Frio ? Le raccord avec l'alizé semble ensuite bien incertain...

Se poser les bonnes questions permet souvent de trouver les bonnes réponses, mais la donne est complexe, avec en plus un couloir de fort vent de nord qui va créer une houle contraire, et un petit anticyclone qui va blo-

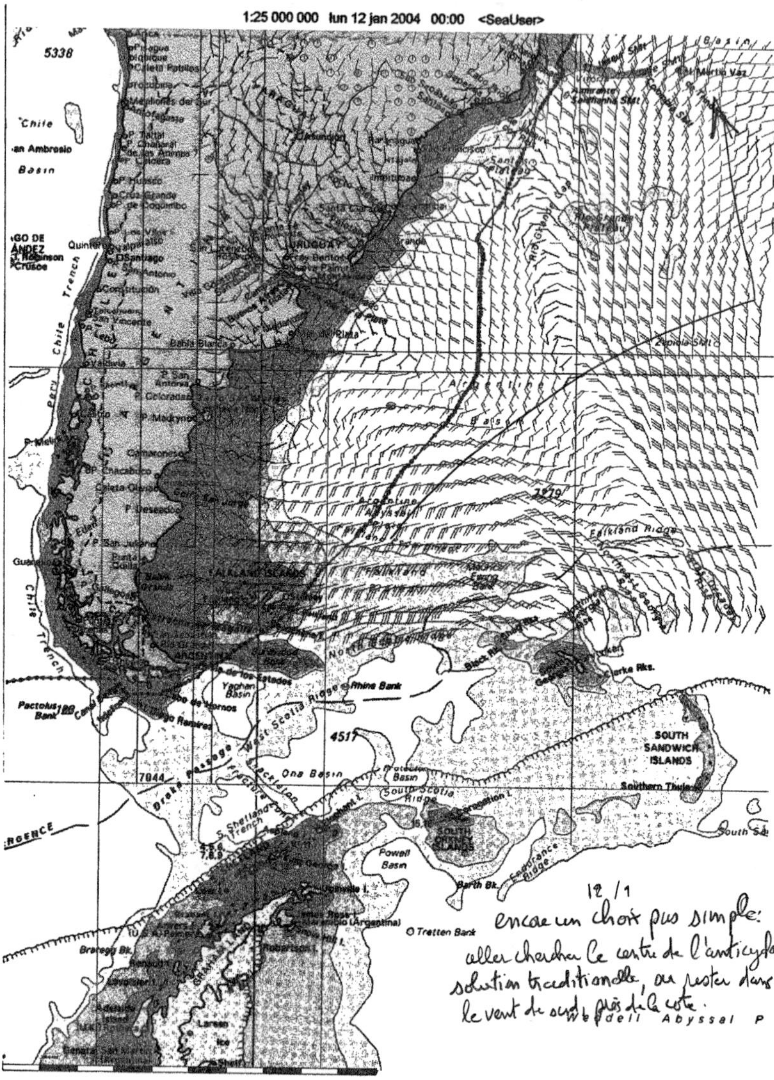
1:25 000 000 lun 12 jan 2004 00:00 <SeaUser>
5338
Chile
San Ambrosio
Basin
Chile Trench
URUGUAY
Argentine Basin
Falkland Ridge
FALKLAND ISLANDS
Rhine Bank
West Scotia Ridge
4517
7844
Drake Passage
Ona Basin
South Scotia Ridge
SOUTH SANDWICH ISLANDS
Southern Thule
SOUTH ORKNEY ISLANDS
Powell Basin
Clerke Rks.
Tretten Bank
Larsen Ice Shelf
12/1
encore un choix plus simple:
aller chercher le centre de l'anticyclone
solution traditionnelle, ou rester dans
le vent de sud près de la côte.
Weddell Abyssal P

quer les vents portants et monter avec moi vers le Brésil. Les dés sont jetés, et l'expérience du Pacifique m'incite à prendre ce vent portant, qui a le mérite de ne pas changer de système tout de suite. Je délaisse donc les sentiers battus, confiant, mais sans plus ! La mer, qui nous vient encore sur l'avant du travers, fait taper le bateau. Alors que je suis en train de prendre un ris, le chariot de latte de la grand-voile supérieure casse. La réparation ne souffre aucun délai, car il n'est plus possible de hisser ou d'affaler la grand-voile sans qu'elle ne se prenne dans les *lazy-jacks*. Je relativise cette avarie – finalement, il ne s'agit que de quatre boulons et j'ai tout le nécessaire à bord pour en venir à bout – et m'attèle à la tâche. Mais ce boulot de mécanicien en milieu humide (et secoué) me prendra néanmoins plusieurs heures, lors desquelles je serai contraint de travailler à cheval sur la bôme, en plein rodéo... Au soir venu, tout est en ordre, *IDEC* est à quatorze nœuds sur la route, sans trop buter dans les vagues. Que demander de plus, si ce n'est un peu de sommeil ?

13 et 14 janvier – cinquante-troisième et cinquante-quatrième jour

Le lendemain, après trois cent quatre-vingt-dix milles parcourus par 43° sud, le vent a bien molli, et il devient nécessaire de préparer le Solent à sa future carrière, sans enrouleur : à l'aide d'une perceuse et d'une aiguille creuse, je pose une petite boucle en Spectra tous les mètres le long du guindant, dans laquelle se prendra un bout de plus gros diamètre. Celui-ci, en coulissant le long du tube d'étai, permettra d'envoyer la voile à nouveau grâce à la drisse de gennaker, et un bout de descente en Spectra sera gréé, afin de limiter les risques d'avoir à grimper au mât pour cause de matériel récalcitrant. Le grand trimaran retrouve un peu de vitesse avec cette voile, mais les moyennes ont bien diminué par rapport au Grand Sud : deux cent quarante, puis deux cent soixante milles en une journée... je suis loin des grands bonds que je faisais dans le Pacifique ! Pour autant, les conditions de vent et de mer m'autorisent à m'occuper du bricolage en retard sans être douché sur la plage avant. Je dois impérativement réparer les filières cassées – un avatar de l'épisode du Solent passé à l'eau – et vider les compartiments dans lesquels l'eau s'est infiltrée, via les cadènes. Une petite frayeur en résulte, car la perceuse posée sur le pont dévie le compas du pilote automatique situé en dessous, et *IDEC* se met brusquement face au vent. Avant que je ne finisse par comprendre le problème, j'angoisse sérieusement à l'idée que le pilote ait pu définitivement rendre l'âme...

La lumière est de plus en plus belle et la température se fait douce, à cinq cent cinquante milles à l'est du Rio de la Plata, par 38° sud. Une latitude où il doit être bien agréable de naviguer pendant l'été austral, en route pour les canaux de Patagonie et l'Antarctique. Mais chaque chose en son temps, et l'ambiance tient plutôt du « festival de la manœuvre » que de la croisière bucolique : trinquette, gennaker, puis gennaker, trinquette puis trinquette, Solent, pour revenir à Solent, trinquette... Un air de valse bien connu, entêtant à souhait, mais du moment que l'on aime ça ! C'est le prix à payer pour que la vitesse reste constante, malgré les variations du vent. Le bateau est véloce certes, mais supporte mal d'être sous-toilé en raison de son poids important. Quant à son skipper, disons qu'il n'aime guère se traîner !

Vendredi 16 janvier – cinquante-sixième jour

IDEC est à trois cent cinquante milles à l'est de San Francisco do Sul au Brésil, situé à quatre cents milles au sud de Rio. Comptez cinq mille cents nautiques pour Brest... Je viens de passer deux jours à faire route au portant, au rythme de la petite dépression qui m'accompagne, et ce matin le speedomètre affiche vingt et un nœuds. Le système météo donne une houle de nord contre un vent de sud, et j'avoue que le mélange n'est pas très confortable. Il ne faudrait pas que la mer contraire enfle trop, ce serait grandement préjudiciable à ma vitesse. Stratégiquement, si pour l'heure je reste proche de la terre – conséquence de mon bord de portant plein nord – il va bien falloir piquer à l'est pour retrouver l'anticyclone de Sainte-Hélène et enfin le Pot au Noir... Le tout est de choisir le bon moment pour entrer dans cette zone de transition, où je trouverai forcément des calmes. Reste que d'un point de vue mathématique, en ayant passé le Horn avec près de deux semaines d'avance sur le temps de Michel Desjoyeaux, je n'aurai demain plus qu'un jour de retard sur *Sport Elec* : mon objectif de quatre-vingts jours demeure réaliste !

Les longues heures passées à la table à cartes deviennent éprouvantes, car les grosses chaleurs ont réintégré la cabine du trimaran. Cinq jours après le cap Horn, où il fallait trois couches de vêtements polaires, ciré et combinaison de survie, j'ai pu ressortir tous les accessoires d'été : sandales, short, lunettes de soleil et chapeau ! Un poisson volant est même venu s'échouer sur le pont. Les nuits ont bien rallongé et j'ai l'impression de voir les saisons défiler en accéléré. Deux jours plus tard, par 16° sud, *IDEC* se trouve presque à la latitude de Salvador de Bahia. Je connais la route, pour avoir ramené *Eure & Loir-Lorénove* il y a deux ans, après la Transat Jacques Vabre. Les alizés d'est, bien établis, m'avaient permis à l'époque de remonter à vive allure vers la Bretagne, mais ce ne sera pas le cas cette fois... Je me trouve aujourd'hui aux prises avec une dépression peu active qui, si elle m'a bien aidé à progresser en m'accompagnant ces derniers jours, est en train d'expirer doucement. Bon gré mal gré, il va falloir affronter les calmes plats. J'ai reçu un coup de fil de Christophe, qui connaît bien ces côtes pour y avoir navigué des années : il me rappelle la présence de jangadas qui pêchent juste à la limite du plateau continental et ne sont éclairées que par des lampes à pétrole. On trouve ces bateaux construits de troncs d'arbres assemblés – autrement dit, des radeaux – tout le long de la côte du Nordeste. Ils utilisent les brises nocturnes pour partir au large et les souffles diurnes pour revenir jusqu'à la côte. C'est une région très pauvre, où les quelques poissons pêchés permettent la survie d'une famille entière. Il y aurait beaucoup à apprendre de ces hommes, qui passent l'essentiel de leur année quelques centimètres au-dessus de l'eau, avec pour seul confort un tabouret cloué aux rondins qui constituent leur frêle embarcation. Je vais assurer une veille très attentive tout le long de cette côte, surtout lorsque les bords à terre me rapprocheront du plateau continental.

Du 19 au 23 janvier – du cinquante-neuvième au soixante-troisième jour

La progression va être laborieuse durant les trois jours suivants, la pluie battante et les petits vents virevoltants faisant place au calme plat. Inexorablement. Je suis à moins de soixante-cinq milles des côtes brésiliennes, et convoite un couloir de vent situé cent cinquante milles devant mes étraves, mais la houle vient sur le travers, les voiles battent... Lorsque le vent se lève, il souffle du nord, en plein sur la route : *IDEC* est un trimaran pensé pour le portant, et je ne peux faire mieux que mettre le cap sur 30°, progressant à huit nœuds. Dès que je tente de faire plus d'est, le bateau est complètement arrêté. Sa dérive peu profonde n'accroche guère dans le petit temps au près, et ses formes rondes à l'avant manquent de finesse à cette allure. C'est la rançon à payer pour son très bon comportement dans le Grand Sud... Je reste convaincu d'avoir fait le bon choix en suivant les vents portants ces derniers jours, car même si je suis aujourd'hui décalé dans l'ouest, ils m'ont permis de tailler la route, et jamais je n'aurais pu faire des journées de quatre cents milles au près. Les bascules incessantes du petit vent debout que je subis désormais m'obligent à effectuer cinquante virements de bord, rien que dans la matinée du 20, et il ne sera pas question de déclarer forfait pour cause de fatigue ou de sommeil en retard. Les oscillations sont si importantes qu'à trop tarder sans virer, le trimaran s'éloignerait du but ! La pluie battante accompagne le tout, et il faut gagner dans le Nord-Est pour retrouver des conditions plus clémentes.

Cent trente milles parcourus en une journée récompenseront ces manœuvres, mais à l'échelle du monde, c'est un saut de puce. À y regarder de plus près, c'est même ma plus petite journée depuis le départ ! Le 21, nous sommes à cent milles au large de Recife, et l'influence des brises thermiques nocturnes semble s'étendre jusqu'ici, si j'en juge par les petits airs avec lesquels je suis contraint de composer. Je ronge mon frein, mais une perspective agréable m'aide à patienter : il semblerait que, pendant que je piétine, le Pot au Noir soit en train de rétrécir. Je suis désormais à moins de cinq cents milles de l'équateur, et d'après mes fichiers, le vent est censé se rétablir à peu près partout. Le 22, toujours au près serré, je ne parviens pas à laisser Fernando de Noronha à bâbord, et passe cinquante milles dans son nord. L'alizé s'est bel et bien levé, mais reste orienté au nord-est, alors que sa direction normale au sud-est permettrait de progresser au travers. J'espère ne pas être obligé de passer par les Antilles pour rallier Brest ! Il fait très chaud et la sagesse, qui permettrait d'apprécier ma lente mais bien réelle progression, a déserté le bord.

Le souvenir des grands souffles du Sud est encore trop proche, je sens que l'impatience me gagne. Les manœuvres sont interminables lorsqu'il s'agit de passer du code 0 – un gennaker de près très plat – au Solent, car le système des coulisseaux en cordage ne fonctionne plus ; une vis est ressortie à mi-hauteur du tube d'enrouleur, contrariant tout affalage. Une fois le dispositif démonté, il est encore possible d'envoyer la voile, mais le guindant se coince cent fois dans la petite ralingue*. Un bon équipage s'affranchirait de ces difficultés en quelques minutes, alors qu'il me faut plus d'une heure à faire des allers et retours entre l'étai et le winch de pied de mât. La voile fait quant à elle son possible pour passer par-dessus bord et remplir à nouveau ce rôle d'ancre flottante qui lui a déjà tant plu !

Durant ces manœuvres, mon regard est attiré par un trou d'environ trois centimètres sur l'avant du flotteur bâbord, d'où l'eau ressort en jet lorsque les étraves s'élèvent au-dessus de la surface. La coque porte une trace noirâtre de plusieurs mètres dans le prolongement de cette perforation, et j'imagine que cela résulte d'une collision avec un objet flottant, même si je n'ai strictement rien entendu qui puisse confirmer cette hypothèse. L'entrée d'eau ne pourrait être colmatée qu'en arrêtant le trimaran, et en plongeant avec de la pâte époxy à prise sous-marine. Pas très raisonnable. La solution la plus cohérente est de mettre en service une pompe électrique volante, de manière à limiter le poids d'eau embarqué.

Quelle pourrait bien être la cause de cette avarie ? Je me souviens avoir croisé une bonne dizaine de cargos, faisant route vers l'Amérique du Sud, pas plus tard qu'hier... et je ne peux m'empêcher de faire un rapprochement avec tout ce qui tombe de leurs ponts. Ce sont des centaines de conteneurs qui sont perdus chaque année, certains volontairement, pour alléger un bateau surchargé avant le mauvais temps ! Encore une fois, la logique du profit maximum prévaut sur celle du bon sens minimum et du respect de la mer. La vue de vieux bidons d'huile, de tubes au néon et de sacs plastique sur cette ligne de navigation me fait pester contre ces marins, qui flottent trop haut au-dessus de la mer pour y penser encore, et ne la considèrent plus que comme un réceptacle bien pratique pour leurs poubelles. Malgré la difficulté de les stocker à bord d'un voilier sur un trajet aussi long, les miennes restent confinées dans la soute avant de la coque centrale, et tout navire devrait avoir un espace prévu à cet effet, à ne vider qu'une fois au port. Quant aux conteneurs à la dérive, ils constituent un réel danger et les cas de monocoques perdant leur quille lors du choc ne sont plus exceptionnels.

Ce que je ne sais pas encore, et ne découvrirai qu'à l'arrivée à Brest, c'est qu'un trou d'un mètre de long se trouve au milieu du flotteur tribord, à l'extérieur, et qu'une grande traînée noire signale un choc contre un objet immergé. La conception de ces flotteurs, séparés en dix compartiments étanches, fait qu'il y a plus d'une tonne d'eau infiltrée de ce côté... Naturellement, de la plate-forme, il m'est impossible de voir la face externe de la coque portant la déchirure, mais le trimaran se comporte différemment dans la mer, et l'impression de lourdeur est un signal d'alarme qui m'oblige à ralentir.

L'équateur est franchi à 8 heures 25 TU, le 23 janvier, par 33° ouest. Soixante-deux jours, vingt-cinq minutes et six secondes : un temps qui me place devant les auteurs du premier tour du monde à la voile en moins de quatre-vingts jours, les hommes de *Commodore Explorer*... Couper la « ligne » constitue le dernier jalon avant Brest, et mon espoir grandit. Je ne me trouve plus très loin de la zone de convergence théorique entre les alizés de sud-est et de nord-est, mais en réalité, le sud-est n'a jamais pointé le bout de son nez ! Ce qui finalement n'est peut-être pas plus mal, car ainsi le risque de conflit entre ces deux flux est éliminé. Le vent forcit, toujours nord-est, et sous le ciel gris et pluvieux, *IDEC* tape au près sous deux ris trinquette, face à la houle. La nuit dernière, j'ai dû tout affaler tant les chocs étaient brutaux, et je me suis demandé si je n'allais pas démâter. Bien sûr, dans l'obscurité, il est impossible de voir l'espar plier, donc cette crainte est née de mon imagination, mais j'ai agi rapidement, sentant que les efforts sur le bateau commençaient à être un peu trop violents. Il est par ailleurs préférable d'intervenir trop tôt, car se faire piéger par un temps de réaction excessif serait catastrophique. Comme le trimaran, je commence à fatiguer, j'oscille entre exaltation et usure due au manque de sommeil. Les manœuvres ont été trop nombreuses, pour moi comme pour le bateau, qui attaque violemment les vagues contraires... *IDEC* a accumulé ragages et autres méchants chocs au cours des vingt-deux mille milles parcourus. Il tient encore, et peut en affronter de durs, mais aucun risque inutile ne doit être pris.

24 janvier – soixante-quatrième jour

Alors que le Pot au Noir se rapproche, le ciel qui était pluvieux depuis une semaine s'éclaircit. Tout le contraire des conditions normales, et le vent reste obstinément orienté au nord-est. C'est néanmoins une bonne chose à présent, car les redoutables calmes de cette zone de convergence intertropicale naissent du conflit entre le souffle de l'alizé du sud-est, dans l'hémisphère Sud, et celui du nord-est, dans l'hémisphère Nord. L'absence de confrontation va permettre un passage rapide sans qu'*IDEC* ne soit stoppé en plein élan, j'en ai cette fois la conviction. Le tribut a été payé à Neptune, dans les calmes des jours derniers, et j'ai maintenant trois jours de bon alizé devant les étraves. Le lendemain, par 10° nord et 34° ouest, l'Amazone est à mille cent milles, et les îles du Cap-Vert à six cent trente milles.

Sous grand-voile à deux ris et grande trinquette, je viens d'avaler trois cent cinquante milles, bien que l'allure ne favorise pas les excès de vitesse... Le jeu consiste à conserver un rythme soutenu, mais sans faire taper le bateau exagérément dans la vague en serrant trop le vent. L'alizé, régulier, n'est pas très gourmand en termes de manœuvres, mais les mouvements secs du trimaran suffisent à me fatiguer, même lorsque je ne fais – apparemment – rien ! Attraper un objet situé deux mètres devant moi réclame un effort qui doit bien coûter deux cents calories, au bas mot... Je dois m'agripper en permanence, sous peine d'être projeté et de risquer la blessure.

Au chapitre des préoccupations matérielles, l'objectif est de garder le mât debout, et je surveille sa rectitude à chaque changement de voile. Les bas haubans me paraissent être le point faible du gréement, car ils ont subi le frottement des lattes de grand-voile au portant et sous trinquette : de plus, ce sont eux qui supportent l'essentiel de l'effort.

Le près me laisse assez de temps libre pour observer, installé sur le flotteur au vent, les poissons volants qui partent en éventail devant l'étrave. Ils sont tout petits par ici, et font penser à un vol d'étourneaux, décollant par dizaines au même instant. Leur envol est si synchronisé qu'ils ne semblent pas animés d'une volonté individuelle. C'est comme si un seul cerveau commandait à toute la bande, en déclenchant le signal de départ, lorsque le gros prédateur rouge, qui ressemble pourtant bien peu à une bonite, arrive sur eux.

Du 27 au 30 janvier – du soixante-septième au soixante-dixième jour

Les alizés expirent à mille milles des Açores, par 19° de latitude nord, alors que subsiste un gros clapot qui secoue durement le multicoque. J'envoie le Solent au milieu des battements de poulie qui tentent de me fracasser le crâne, tout en esquivant la bôme dont les balancements cherchent à me briser quelques côtes.

Trois grains ont fait passer le vent de cinq à vingt-cinq nœuds en quelques secondes dans la nuit, l'idéal pour faire chavirer un trimaran, mais le poste de veille est si près des écoutes, dans la fameuse niche à chien, qu'elles ont été choquées à temps. Je saute de bouffe en bouffe, tâchant d'exploiter au mieux les accélérations du vent, restant concentré sur mes réglages et ne ménageant aucun effort – la porte de sortie est désormais très proche, je dois attraper au plus vite le flux me permettant de faire route directe sur Brest.

Attention, voici un grain plus méchant que les autres... Il génère une bonne brise de sud-est, j'envoie en vitesse le petit gennaker, et l'effet est instantané. Le speedo grimpe ! Rien de très stable pour le moment, ça tourne dans tous les sens, et je reste à l'affût, prêt à modifier ma configuration de voilure. Mais la nuit venue s'établit une délicieuse petite brise d'ouest à sud-ouest, le vrai bon secteur de vent, celui qui ramène *IDEC* à la maison ! Je touche du bois et envoie des vœux aux étoiles filantes pour qu'il tienne, malgré les prévisions pessimistes des champs de vent, qui annoncent encore deux jours de calme. Hélas, les modèles sont cette fois dans le vrai, et la pétole retombe jusqu'au matin, alors que le tropique du Cancer est franchi.

Adieu, douces latitudes et mers bleu turquoise... Sous les cieux plombés des royaumes de l'Ouest, les couleurs vont bientôt virer au gris et au vert. Il est des instants, au large, où l'on cesse d'exister : la contemplation d'une vague, d'un nuage, suffit à sortir de son enveloppe pour devenir cette vague, ce nuage. Pour un bref instant, l'illusion de faire partie intégrante du « grand tout » est accessible, et ces miettes de paradis, volées au quotidien, justifient à elles seules un tour du monde... Fugace et pourtant bien réelle, la sensation ramène à ces zones inexplorées de la conscience, et laisse – pourquoi pas ? – entrevoir les liens cachés qui nous unissent, chacun, à l'univers. Une conscience oubliée, trop peu stimulée dans notre mode de vie moderne, qui ne s'embarrasse pas de ce genre de considérations... Pourquoi ne pas laisser la porte ouverte à ces hypothèses, et nous offrir la liberté de nous surprendre nous-mêmes ?

Cette période est pour moi celle des grandes interrogations. Le trimaran est en équilibre entre les alizés et les grands vents d'ouest, la mer semble avoir adopté une posture d'attente et se poser bien des questions : vais-je me laisser pousser par cette masse d'air ou vais-je lui résister ? Les couleurs du ciel se révèlent bien incertaines, et les vagues viennent d'une multitude de directions, indécises et chahutées...

De même, ces transitions voient le marin douter : n'est-ce pas futile de se lancer dans une telle compétition, alors que des hommes courageux luttent pour aider les Indiens yanomanis, l'un des derniers peuples sauvages sur notre planète, à rester libres, à continuer à exister, tout simplement ? Ne vaudrait-il pas mieux se battre pour aider les pays industrialisés à sortir du nucléaire et avancer dans la voie des énergies renouvelables ? Il y a tant à faire... Et j'imagine, une fois arrivé, divers moyens d'apporter ma pierre à l'édifice, en dépassant l'aspect purement sportif des choses.

Peut-être est-ce parce que j'ai passé tant de temps entre ciel et mer, à écouter la grande respiration des océans tout en gardant un œil sur l'horizon, que je me sens par moments investi de la périlleuse mission de gardien de notre planète. Au même titre, d'ailleurs, que tous ses habitants ! Si seulement chacun avait l'extraordinaire chance qui est la mienne aujourd'hui – avoir le temps et le loisir de simplement contempler –, les missionnaires seraient plus nombreux. Et comment imaginer que l'on puisse ne pas l'aimer, cette petite boule bleue qui voyage dans l'univers, avec toute une population humaine et animale à son bord... C'est un grand bateau qui nous accueille, nous nourrit, nous offre son abri. Si nous épuisons ses réserves d'air, d'eau et de nourriture, nous disparaîtrons, les enfants de nos enfants aussi... Il n'y a pas de radeau de sauvetage à bord du grand vaisseau Terre, et les balbutiements des premiers pas dans l'espace ne nous seraient aujourd'hui d'aucun secours.

Pourquoi un marin devrait-il se soucier du futur des océans et de notre planète ? Peut-être parce qu'il a l'impression que personne d'autre ne s'en préoccupe. Les scientifiques semblent avoir un regard si pointu dans leur domaine d'activité qu'ils ne voient pas toujours l'ensemble des choses. Les politiques sont si soucieux de leur succès à court terme qu'ils n'ont pas le recul nécessaire pour s'inquiéter de ce qui dépasse l'échéance de leur mandat. Les journalistes sont tenus par l'audimat, et leur public a déjà bien trop de soucis pour se compliquer l'existence avec un sujet qui n'est pas si immédiat que cela. Les victimes de Tchernobyl sont vite oubliées, et le trou dans la couche d'ozone n'a pas le même caractère d'urgence que le pain quotidien à gagner. Bref, c'est à ceux qui parcourent la mer et la planète d'en parler et d'essayer de faire avancer les choses dans le bon sens.

Mais alors que je reste en proie à mes propres interrogations, la mer, elle, a fait fi de ses tergiversations... Le 30 janvier, le multicoque rouge, alors à mille six cents milles de Brest, frémit d'aise lorsque se lève une jolie brise de sud-ouest. Cette nuit, dans le vent fraîchissant, j'ai un peu tardé à rouler le gennaker et une poche s'est formée dans un des tours mal serrés. Le vent s'y est engouffré, et a consciencieusement réduit à néant le pénible labeur du wincheur de service... Malgré l'abri relatif de la grand-voile, débordée au maximum pour l'occasion, les trois cents mètres carrés de toile se sont mis à claquer dans la brise. Il ne me restait plus qu'à larguer la drisse et à brasser le Kevlar glissant dans la nuit, prenant garde à ce que la mer ne happe pas un coin de l'imposante toile. Elle aurait aussitôt disparu sous le trimaran, la vitesse ne permettant pas de la remonter à bord. En redoublant d'énergie, tout a fini dans la soute à voiles, son vaste volume, envahi par la voile bouchonnée, occupant une place folle. Le gennaker de tempête et un ris dans la grand-voile feront très bien l'affaire, en attendant le passage du front qui s'apprête à me cueillir. Il paraît avec le jour, noircissant l'horizon. Sombre, bien trop sombre – je crois voir la mer fumer, comme certains mauvais jours dans le Sud, et la peur me gagne. J'affale la grand-voile sans demander mon reste... pour la renvoyer un quart d'heure après, m'apercevant de mon erreur : la fatigue d'une nuit de manœuvres a considérablement altéré ma vue, et surtout mon jugement... Le deuxième ris suffit, et *IDEC* continue à dévaler les vagues, malgré le poids de l'eau qui s'est accumulée dans les flotteurs.

Lors de ma vacation radio avec le PC terre, on me décrit le dispositif média prévu à Brest en cas de succès : huit heures de conférences et autres plateaux télévision, c'est la panique à bord ! Je comprends bien les impératifs, la presse doit faire son travail, mais je me sens totalement incapable de faire face à une demande si soutenue. On parle même de journaux télévisés, en direct des studios parisiens, pour le soir même ou le lendemain midi ! En temps ordinaire, je suis à bout de souffle après une heure de bombardements journalistiques, et je crains fort que deux mois de solitude, plus la fatigue qui s'accumule à l'arrivée, ne me permettent de dépasser ce seuil. Veillant désormais nuit et jour, pour prévenir toute collision avec les nombreux cargos, je suis épuisé et sais bien que traditionnellement, la dernière nuit en mer est totalement blanche. D'autant que mon arrivée risque fort d'être saluée par un de ces jolis coups de vent dont l'Iroise a le secret... Après négociation, décision est prise : une seule conférence de presse est au programme, et elle n'excédera pas mon seuil de tolérance. J'ai la chance, surtout, d'avoir un sponsor si heureux que son bateau ait parcouru les trois océans, en pulvérisant les records à chacun des grands caps, qu'il me laisse vivre la future arrivée à un rythme moins endiablé que celui que les médias souhaiteraient m'imposer !

Cette incertitude sur ma capacité à répondre à la presse masque également une véritable trouille du contact avec la terre... J'ai fini par trouver un équilibre en mer : sûrement pas celui d'un albatros qui ne se pose sur les cailloux déserts qu'une fois par an, mais un équilibre quand même. Les choses sont simples au large, dans la meilleure direction possible, alors qu'à terre il faudra sortir de son cocon. Au fil des semaines, je me suis attaché au bateau qui a été mon fidèle compagnon et ne m'a jamais trahi. Saurai-je faire partager ce que j'ai vécu, et répondre aux questions des journalistes ? Ai-je tout simplement envie de dévoiler, dès mon retour à quai, cette intimité ?

En ce qui concerne ma famille, je n'ai pas d'inquiétude, car le fil n'a jamais été coupé, même lorsque aux antipodes, l'épaisseur de la terre me séparait d'eux. Mes deux garçons ont partagé avec moi la préparation du bateau et ont accepté ce tour du monde si long : sauter dans un filet de multi est un jeu très amusant pour des enfants, mais lorsque cela permet en plus d'aider à le retendre en reprenant au fur et à mesure les bouts qui le tiennent, cela devient une implication dans la « vraie vie », celle des grands, qu'ils imaginent bien plus drôle qu'elle ne l'est en réalité ! Même si cela peut paraître étrange, mon moral est réellement miné par la perspective d'une arrivée à terre sous les projecteurs, et je rêve d'une arrivée discrète à La Trinité, où seuls mes proches et mes fidèles amis m'attendraient...

Mais la route n'est pas finie, et ma vie de marin continue, de plus en plus mouillée et tumultueuse au fur et à mesure que le vent d'ouest forcit...

Samedi 31 janvier – soixante et onzième jour

Les Açores approchent. Ces îles volcaniques sont très hautes, et il convient de se méfier des turbulences qu'elles peuvent engendrer. Le jeu consiste à éviter de passer sous le vent de la terre et à esquiver les rafales, contourner les bulles de calme et empanner à trente milles au sud de Terceira, ainsi qu'à vingt milles au nord de Sao Miguel pour en respecter les règles. Les variantes sont infinies, selon les humeurs du temps, l'ensoleillement, l'heure du jour, la température de l'eau. Et lorsque la nuit nous verra définitivement dégagés de l'archipel, à plus de soixante-dix milles, je pousserai un « ouf » de soulagement en songeant à d'autres passages moins heureux, où je m'étais trouvé encalminé* des dizaines d'heures dans un gros clapot – d'autant plus perturbé qu'il contourne les îles par les deux côtés. Exaspérant, car il est fréquent que le vent souffle fort partout, sauf là où l'on est ! C'est la dernière terre approchée avant Brest, et même si je ne l'ai pas aperçue à cause de la mauvaise visibilité, le souvenir des lacs cernés par les volcans et couronnés d'hortensias sauvages, connus lors d'une escale, m'aura égayé l'esprit toute la journée.

Mes pensées se tournent de plus en plus vers la Bretagne qui approche, et le sentiment dominant est le bonheur de retrouver les miens, et tout ce qui a manqué depuis soixante-dix jours. J'y mets un frein par superstition, de peur d'attirer le mauvais sort ! Les nombreux rails de cargos restent le principal danger, et un instant d'inattention suffirait pour ruiner tous les espoirs de succès en cas de collision. Il ne se passe guère d'heure sans que je voie un porte-conteneurs ou un pétrolier, et l'Atlantique est très fréquenté, surtout en comparaison avec les mers du Sud. Ces grands déserts sauvages, bleus, verts et gris, ne vont-ils pas bientôt me manquer ?

La traversée d'une nappe d'hydrocarbures me fait fulminer une fois de plus contre les navires pétroliers et leurs armateurs, qui trouvent bien plus économique de nettoyer leurs cuves au large que dans le port. Quant aux amendes, elles ne sont jamais assez dissuasives. La saisie du navire fautif pour crime de dégazage me paraîtrait encore une peine bien légère, et si je pouvais les attraper, je n'hésiterais pas à faire prendre un bain de mazout aux responsables de ces marées noires miniatures, capables d'ouvrir les vannes de rejet à la mer en gardant le cœur léger ! Un bain si prolongé qu'ils comprendraient peut-être ce que subissent les milliers d'oiseaux de mer qui finissent leur vie étouffés par des déchets noirs et gluants ! Il n'y a plus un oiseau pour accompagner *IDEC* depuis qu'il est en Atlantique nord, et le temps des mers du Sud me paraît déjà loin... Il n'était pas rare que mon grand trimaran soit suivi, plusieurs jours durant, par une bonne quarantaine de joyeux volatiles. Je ne peux m'empêcher de penser que la pollution de nos mers est responsable de cette différence entre les deux océans.

Je n'oublie pas cependant qu'il y a de bons équipages, compétents et respectueux de la mer, sur les cargos, en particulier sur ceux qui restent immatriculés sur les registres européens ; mais là encore, l'implacable logique de la rentabilité va dans le mauvais sens... Les navires sous pavillon de complaisance sont bien souvent dangereux, car soumis à des normes de construction moins sévères, et l'équipage y est réduit à la portion congrue. Le minimum pour que ça marche, quand même. Un raisonnement sain leur interdirait d'approcher nos côtes et d'y faire escale mais, en réalité, c'est tout le contraire qui se passe, et la législation française s'assouplit de plus en plus pour permettre d'approcher les faibles coûts de fonctionnement de la concurrence. Les effectifs risquent de baisser, les salaires pourront également être moindres, et comment imaginer qu'un équipage réduit pourra faire face à la charge de travail dans des conditions de sécurité satisfaisantes ?

Quelque chose m'échappe, mais dans l'immédiat, s'il y a une réalité que j'ai bien comprise, c'est qu'il ne faut pas compter sur la veille faite à bord de certains cargos. J'ai la nette impression que d'aucuns naviguent sous pilote, et qu'ils n'auraient même pas la compétence pour réfléchir à une trajectoire adéquate s'ils se rendaient compte qu'un obstacle se présente ! Maintenant que je navigue entre Açores et Bretagne, je ne dors plus que par tranches de quinze minutes maximum, et laisse fonctionner feux de route, *flash-lights*, radar et alarme en permanence. Afin de limiter les risques de collision, j'engrange les milles dans la journée et ralentis considérablement à la nuit tombée.

1er au 3 février – du soixante et onzième au soixante-treizième jour de mer

Tandis qu'*IDEC* dévale les vagues sous un ciel chargé de nuages, le vent souffle à force 7, et la petite trinquette sans lattes a repris du service sur la plage avant. Les légères avaries se multiplient à bord. Bosses de ris cassées, poulies éclatées : il est temps de se rapprocher du port. Le flotteur bâbord est immergé, et j'imagine qu'il a dû engloutir trois à quatre cents litres d'eau... pour autant, il est hors de question d'aller inspecter ou pomper, car sous le vent, lorsque le bateau est lancé à cette vitesse, la zone est impraticable. Je sais que d'ici l'arrivée, qui est maintenant à portée d'étraves, je vais rester tribord amures, cap au 60° : la dernière ligne droite est bien entamée, il convient d'adopter plus que jamais une attitude prudente, de limiter les élans du speedomètre, et de se tenir prêt pour l'assaut final. Car demain, je risque fort d'être cueilli par des vents de trente-cinq à quarante nœuds pour ma dernière soirée à bord ! Le matériel doit tenir le choc... le bonhomme aussi. Je m'use également, mes bras sont de plus en plus souvent endoloris à force d'avoir winché... et la tension nerveuse ne doit pas être étrangère à mon état de fatigue.

Brest n'est plus qu'à quatre cents milles, et je ne force pas sur le grand oiseau aux ailes harassées, qui a si bien su utiliser la mer et le ciel pour mener notre grand voyage à terme. Je suis au soixante et onzième jour de mer, un chiffre parfaitement inespéré pour moi, qui tablais au départ et le plus sincèrement du monde sur une grosse quinzaine de jours supplémentaires !

Plus la pointe bretonne approche, plus les cargos sont nombreux, à tel point que l'alarme qui les signale ne sert plus à rien – elle sonne en permanence. La nuit est longue, d'autant plus longue qu'il est impossible de s'assoupir quelques minutes sans risquer une collision. La vitesse d'*IDEC*, ajoutée à celle d'un cargo qui ferait route contraire, donne un rapprochement de soixante-dix kilomètres à l'heure. Le vent de secteur sud continue à souffler assez fort, et semble bien décidé à m'accompagner jusqu'à l'arrivée. Néanmoins, je contiens la fougue du trimaran et lui laisse la bride sur le cou afin de limiter les risques. Je sais que mes capacités de réaction sont bien entamées...

Vers quatre heures du matin, les phares d'Ar Men et de l'île de Sein apparaissent et semblent me faire un clin d'œil. Qu'il est réconfortant de les trouver à leur place, annonçant la proximité du port, des retrouvailles ! La Bretagne est l'une des parties du monde les mieux balisées, et la chaîne lumineuse va se poursuivre sans interruption jusqu'à l'entrée du goulet de Brest.

Le chemin parcouru est quelquefois plus important que le but à atteindre, et alors que je suis sur le point d'arriver, les images d'une foule de moments vécus au cours des soixante-douze derniers jours se bousculent dans ma tête. Un véritable kaléidoscope mêlant baleines, déferlantes et cieux embrasés... L'intensité de la veille que je me dois d'assurer, la fatigue accumulée et l'approche de Brest me mettent dans un état de réceptivité propice à ces souvenirs encore si présents. Je compte les minutes qui me séparent encore des miens, tout en ne pouvant réfréner une légère anxiété liée à ce retour à terre : combien seront-ils, sur le ponton, flashes crépitants et questions en pagaille au menu ? Il va me falloir, sans aucune autre forme de procès, quitter mon univers et me lancer dans l'arène... et je ne donne pas cher de mon talent d'orateur, déjà loin d'être un de mes points forts lorsque je suis frais et dispos !

Le jour est près de se lever, j'ai encore réduit la voilure et suis sous trois ris et trinquette, pour être manœuvrant et réagir vite. Un dernier empannage à la bouée de la Parquette, cinq milles de plus au vent de travers, toujours sous pilote, car les allers et retours entre la table à cartes et le pont sont incessants. Tout comme les réglages, car après avoir eu d'immenses étendues d'eau à courir, je dois maintenant me faufiler jusqu'à la ligne. Ce n'est pas le moment de passer sur un caillou, et je me méfie de ces instants entre chien et loup, propices aux erreurs dues à la fatigue après une nuit sans sommeil.

Je laisse le grand phare de la pointe Saint-Mathieu à bâbord, puis le phare du Petit Minou, à seize nœuds... Quelques éclats lumineux et un appel à la VHF me font comprendre que la ligne d'arrivée est franchie : l'observateur envoyé par le WSSRC est à son poste, fait son office et met un point final chiffré à ma grande boucle. En toute intimité, car si je craignais les risques de collision liés à la présence de trop nombreux bateaux sur la ligne d'arrivée, les parages sont parfaitement déserts ! La mer est si forte à l'entrée du goulet de Brest que les vedettes venues à ma rencontre m'attendent deux milles plus loin, à l'abri des vagues. Une distance dont je m'affranchis en quelques minutes, sous une aurore d'hiver rougeoyante. Un jour naissant typique de l'Iroise... mais cette fois, le spectacle d'une nature décidément généreuse est relégué au second plan, car je n'ai d'yeux que pour ma famille et mes amis, qui montent à bord et m'aident à affaler les voiles, avant que je puisse les serrer sur mon cœur, à les étouffer... Soixante-douze jours et vingt-deux heures de lutte, de froid, de doutes et de peur, mais aussi de communion avec la mer, de voile pure et absolue, prennent fin en cet instant.

ÉPILOGUE

*Août 2004, à bord d'*IDEC

Six mois se sont écoulés depuis mon arrivée à Brest. Le trimaran rouge a reçu sa récompense, et a bénéficié de tous les soins dont il avait besoin au terme de cette navigation épique. Le vaste chantier de printemps aura été l'occasion de lui offrir une cure de rajeunissement, mais également de panser des blessures plus profondes que son aspect extérieur ne me laissait imaginer... Une perforation à l'arrière du puits de dérive, une voie d'eau dans chaque flotteur – à tribord, l'avarie était si sérieuse qu'il a fallu refaire deux mètres carrés de bordé ! Trois tonnes d'eau ont été extraites du bateau qui, s'il n'avait pas été aussi bien compartimenté, aurait tout simplement pu couler ! J'imagine le soulagement de la structure, débarrassée de cet excédent de poids, et jette *a posteriori* un œil perplexe sur les dangers qui me cernaient, sans que j'en aie eu une pleine conscience, lors de ma remontée de l'Atlantique... Car certes, je n'étais pas tout à fait dans le rôle de l'imbécile heureux qui ne sait quelles misères sont sur le point de lui tomber dessus, mais presque : la *crash-box** d'étrave tribord était fissurée suite à la rencontre avec un conteneur bleu – à en croire la longue traînée de peinture sur le flotteur –, seule la fine peau extérieure masquant les dégâts structurels. À bâbord, le choc que j'avais décelé en route était prolongé par une déchirure d'un mètre, par laquelle l'eau pénétrait lentement, mais sûrement. Autant d'avaries qui attestent le risque réel de collisions avec des objets flottants...

Tout au long de ces jours de mer, le danger rôdait, et l'état de tension, mentale comme physique, dans lequel j'ai vécu était plus important que je ne voulais bien le laisser paraître... partant du principe que la meilleure façon de cacher ses appréhensions aux autres, c'est d'abord de se les masquer à soi-même. Pourtant, même si aujourd'hui je sais que la peur a bel et bien été présente, je ne garde pas en mémoire d'épisode où, saisi par l'effroi, j'ai dû me battre pour ne pas faire demi-tour. Non, il s'agissait d'une peur raisonnée, salvatrice, qui m'a permis de rester vigilant et de conserver à chaque instant le sens des priorités.

Quant au sentiment d'isolement... J'ai souffert de l'absence des miens, pas de la solitude en elle-même. J'ai souvent pesté, allant jusqu'à me demander quatre fois par jour ce que j'étais venu faire dans cette galère, et pourtant, au moment d'arriver, quelque chose en moi avait envie de poursuivre la route ! Paradoxe du marin... Tout comme ce mal de terre, qui peut vous assaillir dès la descente sur le quai. Plus l'habitude de naviguer est grande, moins cela est fréquent, mais tout de même : j'ai retrouvé non sans joie cette agréable sensation au terme de mon tour du monde, et l'impression m'a rappelé mes premiers pas dans l'univers du grand large. Était-ce destiné à me faire mesurer le chemin parcouru depuis ? « Réalisation », « accomplissement », voici de grands mots qui ne recèlent pas toujours beaucoup de sens... Ils n'ont que peu d'écho chez moi, et ma navigation planétaire m'aura finalement surtout permis de porter un nouveau regard sur les inestimables petits bonheurs du quotidien : chaque geste, chaque regard, chaque conversation me paraît neuve, et tout semble beau comme le retour du soleil après l'orage.

Les six mois qui ont précédé mon départ ont été d'une extrême intensité, je n'ai pas eu le temps de souffler avant de larguer les amarres, aussi était-il naturel que mes atomes soient quelques peu « éparpillés » à mon retour. Il m'a fallu de longues semaines avant de retrouver mes repères habituels, et mon besoin de naviguer n'a refait surface que de manière progressive. J'ai d'abord effectué quelques sorties en catamaran de sport, à destination des îles voisines, puis ai repris doucement le chemin du large. En croisière, et en famille. Le moment où je ressentirai l'impérieuse nécessité de me lancer à nouveau dans une aventure extrême est encore loin, mais approche avec le temps qui passe... Et j'apprécie pour l'heure ces moments de répit.

La remise en état du trimaran en vue de sa participation au classique Tour de l'île de Wight a permis de partager de beaux moments entre amis, tout en démontrant le potentiel d'*IDEC* mené par un équipage. Nous avons fini seconds, dix-sept minutes derrière le catamaran géant de Bruno Peyron, et je crois pouvoir affirmer que l'honneur est sauf ! Par-dessus tout, il était pour moi important de partager avec les camarades qui me sont chers cette « rentrée » sur la scène de la compétition. À l'heure où j'écris ces lignes, mes yeux sont désormais fixés sur d'autres défis, sur la suite de l'aventure que je continue d'écrire en harmonie avec mon partenaire, Patrice Lafargue, dont l'enthousiasme me réjouit toujours autant. Records du golfe de Gascogne, de la plus grande distance parcourue sur vingt-quatre heures, passage Atlantique sur la route empruntée jadis par Christophe Colomb, de Cadix à San Salvador... À y regarder de plus près, dans une logique de progression et de découverte du bateau, ces records auraient dû intervenir avant celui du tour du monde ! Mais les évidences sont toujours plus faciles à déceler après-coup, et l'histoire semble ne pas avoir souhaité s'embarrasser de « logique ».

D'autres projets m'ont également tenu occupé depuis mon retour, à commencer par l'écriture de ce livre, un exercice passionnant qui m'était jusqu'alors totalement inconnu. Raconter cette aventure permet, je l'espère, de dépasser la simple performance chiffrée, et de montrer à quel point la réalisation d'un projet qui tient à cœur permet de se ménager une ouverture sur le monde. D'autres rêves, d'autres défis en découlent, tout comme un certain nombre de « leçons » marquantes. Une meilleure compréhension de notre planète et la conscience encore plus forte que nous autres, humains, n'en sommes qu'un maillon, par exemple...

Mon désir de record autour du monde prenait auparavant une place énorme dans ma vie et me barrait l'horizon, comme une île volcanique dont j'aurais rasé le rivage de trop près. L'issue heureuse de cette aventure m'a permis de prendre de la distance, et l'île gigantesque s'est muée en petit point à l'horizon. Mon regard peut désormais embrasser le monde, son incroyable beauté : un monde que je souhaite contribuer à préserver, ainsi que ses richesses, pour les générations futures... mais aussi tout simplement pour ce qu'il est.

Je comprends le chemin suivi par Bernard Moitessier, qui après avoir réalisé de magnifiques « premières » océaniques et renoncé à la victoire simplement pour poursuivre son voyage, a fait de l'avenir de la planète l'une de ses priorités. Je me souviens que, dans cette perspective, il avait écrit aux maires de nombreuses communes, afin de les inciter à planter des arbres fruitiers sur le domaine public ! J'aimerais savoir si certains ont été sensibles à cet appel, et si quelque part, des enfants se régalent dans les cerisiers grâce à lui ! J'admire également le parcours de sir Peter Blake, qui après avoir accumulé les titres de gloire, a souhaité consacrer sa vie à l'observation de la planète, mettant son art de la navigation au service d'expéditions scientifiques. La route n'aura été aisée pour aucun de ces deux grands hommes, l'un ayant souffert de l'incompréhension, l'autre ayant été lâchement assassiné... Mais ils ont poursuivi, derrière la ligne d'horizon, leur passion pour la planète jusqu'au bout et sans relâche. Ils resteront des exemples.

REMERCIEMENTS

Je tiens à remercier mes partenaires :

— SEALED AIR,
— KOLORIAN peintures et antifouling,
— PROFURL WICHARD enrouleurs, manilles haute résistance,
— FUJICOLOR photographies numériques,
— USHIP accastillage,
— PORT DE LA TRINITÉ-SUR-MER,
— YACHTING THOMMERET cordages Gleinstein,
— PLASTIMO radeaux, balises de détresse, panneaux solaires,
— SIMRAD électronique embarquée,
— KAPPA informatique.

ANNEXES

1

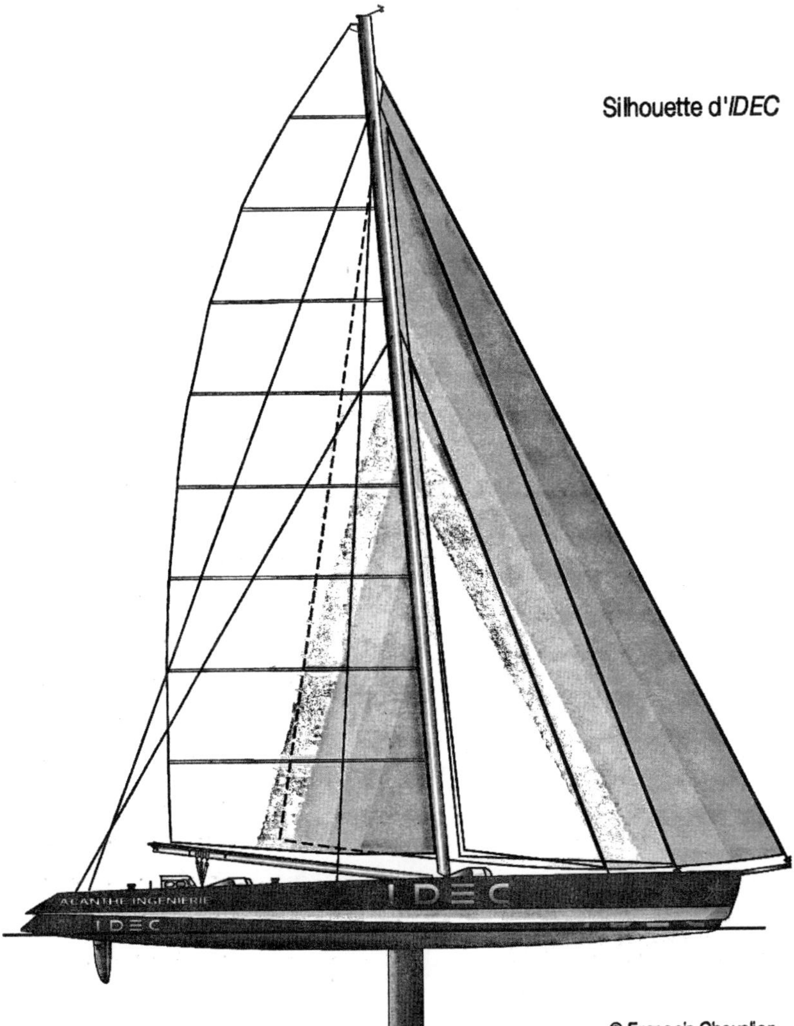

Silhouette d'*IDEC*

© François Chevalier

2

GLOSSAIRE

Abattre : évoluer en s'écartant du lit du vent ; passer de l'allure du près à celle du vent de travers (contr. : lofer).

Adonner : lorsque le vent devient plus favorable par rapport à la route souhaitée.

Alizés : vents d'est réguliers soufflant en zone tropicale.

Amure : désigne le côté par lequel le bateau reçoit le vent (Ex. : bâbord amures : le vent vient de bâbord).

Anémomètre : appareil servant à mesurer la vitesse du vent.

Armement : action de mettre un bateau en état de naviguer.

Aussière : cordage destiné à l'amarrage du bateau.

Bâbord : côté gauche du bateau lorsque l'on regarde vers l'avant.

Bastaque : hauban arrière amovible.

BLU (bande latérale unique) : radio maritime longue distance.

Bout : terme générique désignant un cordage.

Bout-dehors : espar prolongeant l'étrave, et permettant d'amurer une grande voile d'avant, par exemple un gennaker.

Brêlage : action d'assembler, de fixer à l'aide de cordages ou de sangles.

Cadène : point de fixation des câbles du gréement.

Cape : position d'équilibre où le bateau ne fait plus route, par trop gros temps la manœuvre est effectuée sans aucune voile en laissant le bateau dériver.

Carène : partie immergée de la coque. (Caréner : nettoyer la carène des organismes marins qui freinent le bateau.)

Contre-bord (tirer un) : faire route, momentanément, dans une direction qui n'est pas celle du but, soit pour parer un obstacle soit pour composer avec une bascule de vent.

Crash-box : caisson faisant office de fusible, destiné à absorber un impact afin d'en préserver la structure elle-même.

Custom : fait à la demande, sur-mesure.

Dérive : aileron mobile qui descend verticalement dans l'eau empêchant la dérive du bateau.

Dévent : perte plus ou moins durable de vent.

Distribil (en distribil) : sans dessus dessous, expression issue du « parler Quimpérois ».

Drisse : cordage servant à hisser une voile.

Écoute : cordage permettant de régler les voiles.

Embase : partie d'une pièce servant d'appui à une autre.

Embouquer : S'engager dans une passe, un détroit, l'entrée d'une rade ou l'embouchure d'un fleuve.

Émerillon : anneau fixé à un autre par un rivet, et tournant librement.

Empanner : virer de bord vent arrière.

Encalminé : faute de vent, le bateau est à l'arrêt.

Enfourner : plonger l'avant de la coque dans la mer.

Espar : partie constitutive du gréement telle que le mât, la bôme ou le tangon.

Estrope : boucle ou œil réalisé à l'extrémité d'un cordage.

Établir : hisser, border une voile.

Étai : câble soutenant le mât sur l'avant, sur lequel sont établies les voiles.

Étrave : partie avant de la coque.

Évent : orifice pratiqué dans un compartiment ou réservoir, afin de laisser échapper l'air ou le gaz.

Extrados : la face convexe, sous le vent, d'une voile.

Flash-light : dispositif lumineux à éclats, parfois utilisé pour signaler la présence d'un navire ou d'un danger.

Foil : appendice destiné à générer de la portance. Les foils sont des plans sustentateurs placés sur les flotteurs, et servant à soulager ceux-ci à haute vitesse, en limitant leur immersion.

Force (voir tableau échelle de Beaufort).

Fraîchir : forcir lorsqu'il s'agit du vent.

Gennaker : grande voile de portant hybride entre spinnaker et génois.

Grain : brutale augmentation du vent accompagnée de pluie.

Growler : bloc de glace dérivant, émergeant de moins d'un mètre et dont la superficie est d'environ vingt mètres carrés.

Guindant : bord vertical d'une voile le long du mât ou de l'étai.

Hauban : câble ou cordage destiné à assurer le maintien du mât.

Haut-fond : élévation du relief sous-marin.

Kevlar : fibre composite.

Latte : baguette permettant de rigidifier une partie ou toute la voile.

Lazy-jack : cordages tendus entre la bôme et le mât, servant à récupérer la grand-voile que l'on réduit ou que l'on affale.

Loch : indicateur de distance parcourue.

Lof (partir au lof) : mouvement brusque du bateau sous l'effet d'une risée tendant à le faire remonter dans le vent.

Lofer : remonter vers le lit du vent.

Louvoyer : tirer des bords en remontant contre le vent.

Martingale : sur un catamaran, nom donné au câble reliant les deux coques, et destiné à reprendre les efforts de compression du mât.

Matosser : amener les poids mobiles au vent, pour contrebalancer la gîte.

Mèche de safran : partie axiale du gouvernail, c'est sur la mèche que l'action de la barre s'applique.

Mille : 1 mille marin correspond à 1 852 mètres.

Moulin à café : colonne verticale de transmission de la poupée de winch entraînée par deux manivelles latérales.

Nable : ouverture pratiquée sur le pont, servant d'orifice de remplissage (pour le carburant ou l'eau douce).

Nautiques : abréviation de « milles nautiques ».

NOAA (National Geographic and Atmospheric Administration) : organisme américain d'observation météorologique.

Nœuds : mesure de vitesse exprimant le nombre de milles parcourus en une heure.

Pilot Charts : Cartes d'origine américaine qui fournissent des informations statistiques de météorologie.

Portant : allure du bateau comprise entre le travers et le vent arrière.

Pot au Noir : zone de convergence intertropicale caractérisée par des zones de calmes.

Prao : pirogue à balancier originaire d'Océanie.

Près : allure d'un bateau qui remonte au vent.

Puits de dérive : passage ménagé dans la coque permettant les mouvements de la dérive.

Ragage : frottement d'un cordage ou d'une voile sur un objet, provoquant une usure.

Ralingue : cordage de renfort cousu sur le bord d'une voile pour absorber l'effort exercé sur la toile.

Refuser : se dit du vent qui tourne et vient sur l'avant (contr. : adonner).

Remonter au vent : progresser dans le lit du vent au près.

Ridoir : pièce d'accastillage permettant de raidir les haubans, ou une autre partie du gréement dormant. Cage métallique équipée de deux tiges filetées.

Ris : partie horizontale d'une voile pouvant être repliée pour en réduire la surface.

Safran : plan mobile du gouvernail dont l'action permet de modifier la route.

Solent : foc de taille intermédiaire, portant le nom des eaux britanniques sur lesquelles il aurait vu le jour (le Solent sépare l'île de Wight du sud de l'Angleterre).

Spectra : fibre composite.

Standard C : système de transmission satellite.

Têtière : pièce de métal posée en renfort à l'extrémité supérieure d'une voile.

Tirant d'eau : profondeur atteinte par le point le plus bas du bateau.

Tourmentin : petit foc très solide pour naviguer dans le gros temps.

Travers : vent qui souffle perpendiculairement à l'axe du bateau.

Tribord : à droite en regardant vers l'avant du bateau.

Trinquette : nom donné au foc le plus proche du mât.

TU (temps universel) : heure de référence basée sur l'heure de Greenwich.

VHF (Very High Frequency) : poste émetteur-récepteur radio.

Winch : treuil comportant une poupée pour étarquer ou border.

3

ÉCHELLE DE BEAUFORT

Chiffre Beaufort	Termes descriptifs	Vitesses moyennes		Hauteur des vagues en m	Spécifications au large
		nœuds	km/h		
0	Calme	< 1	< 1		La mer est comme un miroir.
1	Très légère brise	1-3	1-5	0,1	Il se forme des rides ressemblant à des écailles de poissons, mais sans aucune écume.
2	Légère brise	4-6	6-11	0,2	Vaguelettes, courtes encore, mais plus accusées. Leur crête a une apparence vitreuse, mais elle ne déferle pas.
3	Petite brise	7-10	12-19	0,6	Très petites vagues. Les crêtes commencent à déferler. Écume d'aspect vitreux. Parfois quelques moutons épars.
4	Jolie brise	11-16	20-28	1	Petites vagues devenant plus longues, moutons franchement nombreux.
5	Bonne brise	17-21	29-38	2	Vagues modérées prenant une forme plus nettement allongée. Naissance de nombreux moutons.
6	Vent frais	22-27	39-49	3	Des lames commencent à se former. Les crêtes d'écume blanche sont partout plus étendues.

7	Grand frais	28-33	50-61	4	La mer grossit. L'écume blanche qui provient des lames déferlantes commence à être soufflée en traînées qui s'orientent dans le lit du vent.
8	Coup de vent	34-40	62-74	5,5	Lames de hauteur moyenne et plus allongées. Du bord supérieur de leur crête commencent à se détacher des tourbillons d'embruns. L'écume est soufflée en très nettes traînées orientées dans le lit du vent.
9	Fort coup de vent	41-47	75-88	7	Grosses lames. Épaisses traînées d'écume dans le lit du vent. La crête des lames commence à vaciller, s'écrouler et déferler en rouleaux. Les embruns peuvent réduire la visibilité.
10	Tempête	48-55	89-102	9	Très grosses lames à longues crêtes en panache. L'écume produite s'agglomère en larges bancs et est soufflée dans le lit du vent en épaisses traînées blanches. Dans son ensemble, la surface de l'eau semble blanche. Le déferlement en rouleaux devient intense et brutal. La visibilité est réduite.
11	Violente tempête	56-63	103-117	11,5	Lames exceptionnellement hautes. La mer est complètement recouverte de bancs d'écume blanche. Partout, le bord de la crête des lames est soufflé et donne de la mousse. La visibilité est réduite.
12	Ouragan	64 ou plus	118 ou plus	14	L'air est plein d'écume et d'embruns. La mer est entièrement blanche du fait des bancs d'écume dérivante. La visibilité est très fortement réduite.

4

LES TROIS CAPS

Cap de Bonne-Espérance
Le cap « immense et mystérieux »

Gisant par 34° 21′ 25″ sud et 18° 28′ 26″ est, le cap de Bonne-Espérance marque traditionnellement la séparation entre l'océan Atlantique et l'océan Indien. « Traditionnellement », car techniquement – et ce point est sujet à de nombreuses discussions – le cap des Aiguilles, situé un peu plus à l'est (34° 50′ sud, 20° 00′ est), est également plus au sud et représente le point le plus austral du continent africain ! Ce cap porte le même nom que le courant qui le longe (d'est en ouest) et qui contribue à lever une fort mauvaise mer dans les parages de Bonne-Espérance, lorsque les vents d'ouest rencontrent ces flux contraires.

Il n'en reste pas moins que pour les navigateurs, Bonne-Espérance représente une porte d'entrée symbolique dans le Grand Sud, et doit sans doute son prestige à sa place sur les grandes routes maritimes historiques. Découvert en 1488 par le navigateur portugais Bartolomeu Dias qui le nomma cap des

Tempêtes, ce promontoire d'Afrique australe fut rebaptisé cap de Bonne-Espérance par le souverain Dom Joao II. Le roi y voyait en effet la promesse d'une route menant aux Indes, depuis longtemps convoitées... Le poète Luis de Camoes lui rendra cependant son véritable nom dans l'épopée *Les Lusiades*, près d'un siècle plus tard : « *Je suis le cap immense et mystérieux que vous nommez cap des Tempêtes (...). Sachez que des vents et des tempêtes monstrueuses rendront ces abords funestes à tous les navires assez fous pour tenter à nouveau le voyage. J'infligerai à la première flotte qui franchira ces eaux indomptées un châtiment si soudain que ses terribles effets surviendront avant même qu'elle ait entrevu le danger.* » Un funeste présage qui ne tardera pas à se révéler exact, aux dépens de l'équipage du *Niewe Haarlem*, un navire hollandais, en 1648. Envoyé en éclaireur afin de poser les bases d'une installation au cap (qui jusqu'alors n'était qu'une base servant de point de ravitaillement aux vaisseaux), ce dernier s'échoue au pied de la fameuse montagne de la Table, mais une partie de l'équipage parvient à gagner le rivage. Les rescapés y vivront un an, et lors de leur retour au pays, recommanderont que les efforts en vue d'une installation soient poursuivis – aux abords du cap, la terre semble fertile, et le climat très agréable. C'est donc sous l'impulsion de la Compagnie Hollandaise des Indes Orientales que sera fondée la future ville de Cape Town, en avril 1652, lorsque la flottille commandée par le capitaine Jan van Riebeeck jettera l'ancre dans la baie.

Cap Leeuwin

Leeuwin, terre sauvage

Les navigateurs hollandais qui l'avaient reconnue – sans s'y arrêter ou tenter d'en prendre possession – avaient nommé Terre de Leeuwin (la « lionne » en flamand) cette vaste étendue sauvage située au sud-ouest de l'Australie. Et si Mathew Flinders a, par extension et en guise d'hommage, officiellement donné le nom de Leeuwin au cap en 1801, l'influence française sur cette région eût pu être tout autre ! Car en 1772, au moment même où Yves de Kerguelen fait voile vers la France pour faire part à Louis XV de sa « découverte » (un archipel stérile et glacial, un peu trop vite présenté à la cour comme un « paradis austral »), le second vaisseau de son expédition erre, perdu dans les brumes de ce Grand Sud hostile...

Louis de Saint-Allouarn, commandant *Le Gros Ventre*, tâche alors de faire route vers un point de rendez-vous convenu avec Kerguelen (qui commande *La Fortune*), situé au sud-ouest de l'Australie, terre mal connue que l'on appelle Nouvelle-Hollande à l'époque. Bien évidemment, malgré ses recherches, il ne trouve aucune trace de ses compagnons d'expédition et croise le long de ces côtes désertes, qui pour l'heure n'ont été réclamées par personne. Saint-Allouarn met cap au nord et finit par mouiller dans la baie des Chiens Marins, aujourd'hui Shark Bay, puis décide d'envoyer l'enseigne de vaisseau Mingault de La Hage prendre possession de ces terres, au nom du roi Louis XV, le 30 mars 1772 ! Mais le capitaine du *Gros Ventre* mourra avant d'avoir rejoint la France, et ses compagnons ne parviendront en aucune façon à convaincre les autorités de l'importance de leur prise... En réalité, personne ne s'y intéresse réellement, et ce n'est qu'en 1829 que l'Angleterre prend officiellement possession de l'Australie occidentale. Entre-temps (en 1801), un autre Français, Nicolas Baudin, y aura dirigé l'une des plus grandes expéditions scientifiques, contribuant à l'époque à une augmentation considérable des connaissances sur la flore et la faune de ces régions.

On oublierait presque le passage de Saint-Allouarn et sa prise de possession dans les règles de l'art en 1772... L'enseigne de vaisseau a pourtant, comme le voulait la coutume, enterré une bouteille contenant un document officiel portant le sceau de Louis XV, mais cela semble ne plus passionner grand monde... Jusqu'au jour où, en 1998, Philippe Godard, un Français de Nouvelle-Calédonie, finit par découvrir la trace du passage de l'expédition Saint-Allouarn, grâce à un écu portant l'effigie du roi, à la pointe de l'île Dirk-Hartog ! Enterrée sous à peine quinze centimètres de sable sur une plage, cette pièce se trouvait à quelques mètres d'une bouteille découverte par Myra Stanbury (conservatrice du département d'archéologie du Musée maritime de Fremantle) quelques semaines plus tard : « Après avoir regardé la bouteille de près, nous avons pensé qu'il y avait plus de 50 % de chances que ce soit LA bouteille », déclare-t-elle à l'époque (source AFP) ! Après de multiples analyses, il ne subsiste plus aucun doute, la bouteille provient bien du vaisseau *Le Gros Ventre.*

Historiquement, cela apporte la preuve indéniable que cette portion de l'Australie aurait fort bien pu rester française, si les autorités de l'époque y avaient prêté attention : mais une prise de possession non suivie d'une occupation effective ne pouvait être considérée comme une revendication recevable... et force est de constater que la France n'a jamais manifesté la moindre volonté d'envoyer des colons ou d'ouvrir des comptoirs sur la « Terre de la Lionne ».

Cap Horn
Le cap de la colère

Avis de coup de vent deux cents jours par an, brouillard et ciel noir le reste du temps... Bienvenue au cap Horn, qui, avec la péninsule antarctique, forme un goulet d'étranglement entre Pacifique et Atlantique. Vents furieux et houle s'y précipitent, alors que les fonds marins remontent brusquement de quatre mille à quatre cents mètres environ... ce qui explique pourquoi, en cet endroit redoutable, la mer est en perpétuelle furie.

« *On n'apercevoit que de hautes montagnes couvertes de neige, qui se terminent par un cap fort pointu, qu'on nomma le cap de Hoorn* »... C'est par cette indication laconique que le journal de bord du navire hollandais *Eendracht* signale la naissance officielle de l'« Everest des marins ». Partis du port de Hoorn en 1615, Isaac Le Maire et Willem Schouten viennent de découvrir un passage vers le Pacifique, qui permet d'éviter d'emprunter le détroit de Magellan, alors monopole de la Compagnie des Indes orientales. Malheureusement, lorsqu'ils touchent terre à Java, les deux découvreurs sont emprisonnés : personne ne croit en leur histoire, et pire encore, on les accuse d'avoir outrepassé l'interdiction d'emprunter le détroit de Magellan... Ce n'est qu'une fois rentrés au pays – toujours prisonniers – qu'ils parviennent à se faire entendre... La nouvelle se répand lentement, et le cap reste un mystère pour l'écrasante majorité des navigateurs, à tel point qu'il faut attendre 1624 pour qu'enfin l'on s'aperçoive qu'il s'agit en réalité d'une île. De plus, le Horn n'est pas d'emblée considéré comme une zone périlleuse, dans la mesure où Schouten et Le Maire l'ont doublé dans des conditions apparemment fort clémentes – le récit qu'ils font de leur navigation n'a rien qui puisse inspirer la crainte. Mais la réputation sulfureuse de celui qu'on appellera plus tard le « cap dur » s'établit à mesure que les voyages s'intensifient, et dès le début du dix-huitième siècle, nul doute ne subsiste. En 1741, l'amiral Anson perd au cap Horn cinq des huit navires qu'il commande lors d'une expédition destinée à porter l'assaut sur des comptoirs espagnols installés sur la côte Pacifique. D'est en ouest, le voyage prend des allures de rite initiatique et son issue est plus qu'incertaine. Les clippers, effectuant le trajet New York-San Francisco avant que ne soit achevée la traversée des États-Unis par le « cheval de fer », donneront au cap ses lettres de noblesse et d'effroi, tout en consacrant les cap-horniers. Pisser au vent et porter un anneau à l'oreille gauche, tels sont les privilèges de « ceux qui en sont revenus ». Les pertes humaines s'accumulent au pied du rocher, et certains navires mettent plusieurs mois à passer de l'océan Atlantique au Pacifique – c'est par exemple le cas du quatre mâts *Edward Sewall*, dont la tentative de passage en 1904 a débuté le 10 mars pour ne s'achever que le 8 mai !

Certes aujourd'hui, le Horn n'est plus le point de passage obligé des routes commerciales, mais comme le soulignait Alain Colas lors de son tour du monde sur *Manureva* – l'aventure perpétuée par Francis Joyon à bord d'*IDEC* –, « *des générations d'hommes ont lutté, souffert, voire péri en ces parages, et si nous sommes conscients d'être à côté d'eux des amateurs qu'aucun métier ne lie, nous sommes heureux d'assurer la relève. Le cap Horn doit continuer à vivre, et si personne ne s'y rend plus à la dure, il rétrogradera à la dimension d'un point sur les manuels de géographie* ».

Jocelyn Blériot

5

BIBLIOGRAPHIE

Quelques livres maintes fois relus, trimbalés de bateau en bateau, et qui m'ont poussé à aller voir plus loin...

Joshua Slocum : *Seul autour du monde sur un voilier de onze mètres,* éditions Chiron.

Bernard Moitessier : *Vagabond des mers du Sud,* éditions Arthaud.
Cap Horn à la voile, éditions Arthaud.
La Longue Route, éditions Arthaud.

Gérard Janichon : *Damien autour du monde,* éditions Transboréales.

Patrick Van God : *Trismus,* éditions Arthaud (épuisé).

Francisco Coloane : *Cap Horn,* éditions Phébus.
Tierra del Fuego, éditions Phébus.

Luis Sepulveda : *Le Monde du bout du monde,* éditions du Seuil.
Hugo Verlomme : *Mermère,* éditions Lattès.

SOMMAIRE

Préface 11

Trente ans et quatre solitaires pour un pari insensé ... 17

1. En pleine tourmente 31
   - Fortune de mer 33
   - Si jamais d'aventure 49
   - Voir plus loin... 64

2. Le grand saut 89

Épilogue 207
Remerciements 215
Annexes 217

CET OUVRAGE
A ÉTÉ ACHEVÉ D'IMPRIMER
SUR ROTO-PAGE
PAR L'IMPRIMERIE FLOCH
À MAYENNE EN NOVEMBRE 2004

N° d'éd. : FZ019901
N° d'impr. : 61480
D. L. : novembre 2004
(Imprimé en France)